THE BOSSHOSS

F**KING 20 YEARS!

ROCK AM GRILL

VOLUME II

südwest

ROCK AM GRILL

— VOLUME II —

INHALT

Vorwort 8

EARLY MORNING   13

Hangover Breakfast ------------------------------------- 15
Moldy Cheese Sandwich --------------------------------- 17
New Orleans Muffuletta -------------------------------- 19
Breakfast à la Plancha --------------------------------- 20
Rhode Island Johnny Cake ------------------------------ 23
Cowboy Breakfast to go -------------------------------- 25
Skirt Steak Burger & Texas-Ranch-BBQ-Sauce --------- 27
Spicy Cloud Eggs --------------------------------------- 28

BOSS: LOOK, SOUND & FEEL   30

20 F**KING YEARS   34

HIGH NOON   39

Naked Prawn Burger ------------------------------------ 41
Hot Buffalo Wrap --------------------------------------- 43
Arizona Hotdog --- 45
Spicy Reuben Sandwich with a Twist ------------------- 46

HOSS: IT'S ALL ABOUT THE SOUND!   48

Summer Break Salad 53

Shrimps & Grits Memphis Style 55

Blackened Salmon & Hot Caesar Salad 56

Sweet and Hot Redfish & Corn Dodgers 59

Bitter-Sweet Salad 61

Sweet Potato Waffles 62

RUSS T. ROCKET: SHUT UP 'N PLAY YER GUITAR 64

Fish-Kokoda North American Style 68

Orange Tuna Bang-Bang Style 71

Surf and Turf 72

BBQ-Potato-Muffins 75

Smoked Tofu & Cowboy-Candy 77

SUNSET 79

Smoked Flanksteak Southern Style 81

Steak »Mucha Suerte« & Hot Tequila-Mayo 83

Glossy Pork Roast 84

Pork Belly & Black Tiger Prawns 87

Healthy Carmel-by-the-Sea-Salad
Clint Eastwood Style 89

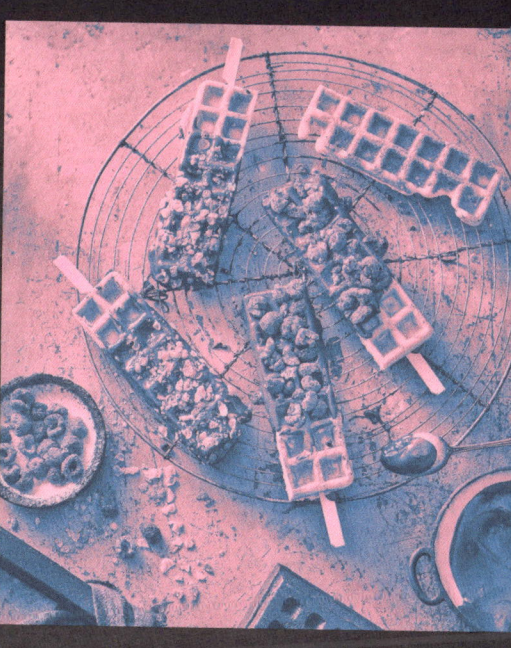

SIR FRANK DOE: GET INTO THE GROOVE 90

Chicken & Pink Coconut 94

Steak & Cheese de luxe 97

Tasty Picanha & Chimichurri 99

Juicy Swordfish 100

Memphis BBQ-Duck 103

ERNESTO ESCOBAR DE TIJUANA: SHAKE, RATTLE & ROLL — 104

Tri Tip Beef & Santa-Maria-Salsa ---------- 109
Sloppy-Joe-Burger Vegan Edition ---------- 111
Rocky Mountain Lamb Chops ---------- 112
Drunken Dry Aged Roastbeef ---------- 115
Spare Ribs St. Louis ---------- 117

HANK WILLIAMSON: WHOOPIN' THE BLUES — 118

LATE NIGHT SHOW 123

Texas Twinkies ---------- 125
Shotgun Shells & Dynamite Sticks ---------- 127
Pork Belly Burn Ends Mexican Style ---------- 129
Bacon Chocolate Stick »State Fair of Texas« ---------- 130
What a Burger, Baby ---------- 133
Texas Style Po'Boy Sandwich ---------- 135

GUSS BROOKS: MR. BASS MAN — 136

SWEETS 141

Waffle-Pops ---------- 143
NY-Cheesecake vom Grill
mit Pistazien-Topping ---------- 145
Louisiana-Muffins mit Nüssen
und Kokosflocken ---------- 146
Apple Cobbler Hot and Cold ---------- 149
BBQ Pineapple Sticks ---------- 151
S'mores ---------- 152

BEHIND THE SCENES: SOPHIE, LUCAS & ROLAND   154

RUBS & DRINKS   159

Pioneer Rub ———————————————— 160

Magic Dust Rub ——————————————— 161

Memphis-BBQ-Sauce ————————————— 162

Texas-Ranch-BBQ-Sauce ———————————— 163

Kansas-Style-BBQ-Sauce ———————————— 164

Dos Bros-BBQ-Sauce ————————————— 165

Cowboy-Candy »home made« ————————— 166

Whiskey Bacon Jam —————————————— 167

Gin Fizz & Margarita ————————————— 168

Cocktail Black Velvet & Sazerac
zum Mardi Gras ——————————————— 169

BADASS WINERY 170

Impressum ———————————————————— 176

Ein paar Hinweise vorweg

Wir setzen voraus, dass Leserinnen und Leser Gemüse und Salat waschen, dass Fisch und Fleisch trocken getupft, eventuell auch gewaschen werden. Die Grillzeiten können nur eine grobe Richtlinie sein. Jeder Grill ist anders und es spielt eine große Rolle, ob es warm, kalt oder windig ist. Wir verzichten auf Formulierungen wie »Du musst deinen Grill vorheizen ...«. Die Rezepte sind nicht immer, aber in der Regel für 4 Portionen berechnet.

Bei den Getränketipps findet ihr auch Empfehlungen zu unseren eigenen Signature-Weinen. Ihr müsst nicht, aber ihr könnt ... Mehr Informationen zu unseren Weinen auf Seite 170.

HOWDY & GLÜCKWUNSCH ZU DEINER GRANDIOSEN BUCHWAHL!

Nachdem wir mit unserem ersten BBQ-Buch »Rock am Grill« den renommierten Gourmand World Cookbook Award als bestes deutschsprachiges Grillbuch gewonnen haben, legen wir jetzt nach – und wie! Unser neues Werk »Rock am Grill Volume II« ist kein normales BBQ-Buch, sondern die eine, wahre, eierlegende Wollmilch-Grillbuchsau!

Okay, das klingt jetzt sehr auf die Zwölf, aber tatsächlich bieten wir euch hier eine Menge mehr als nur Grillrezepte. Aber was heißt schon »nur« Rezepte. Dieses kulinarische Cowboy-Werk beinhaltet eine exzellente Auswahl an neuen, grandiosen Gerichten, inspiriert aus dem Süden der USA, und zwar FROM DUSK TILL DAWN. Bei uns gibt es Grill-Gut all day long! Vom Frühstück über Lunch bis hin zum Late-Night-Snack – in diesem Buch findest du die besten Rezepte vom Rost für jede Tageszeit und jeden Anlass! Natürlich jeweils mit passenden Empfehlungen für Drinks und Songs.

Mit unseren weiteren Features heben wir euer Grillerlebnis auf ein nächstes Level: Zu fast allen Rezepten gibt es QR-Codes, die dich zu Video-Tutorials führen. In diesen zeigen wir dir persönlich, wie du die Gerichte perfekt zubereitest. Und das Bequemste an der Grill-geschichte: Von dort aus kannst du dir die meisten Zutaten direkt online bestellen und liefern lassen. Wer also keinen Fleischer des Vertrauens in seiner Nähe hat, kommt trotzdem bequem und schnell an die besten Stücke und Zutaten. Und natürlich haben wir im Netz auch die perfekte Playlist für dein BBQ-Erlebnis zusammengestellt. Also einfach die QR-Codes bei den Rezepten scannen und der Spaß beginnt!

Und das ist noch nicht alles: Denn »Rock am Grill Volume II« ist auch ein sehr persönliches Buch. BBQ-Liebe trifft auf Boss-Hoss-Lifestyle! Wir geben dir intime Einblicke aus 20 Jahren Bandgeschichte – Storys from the road. Hier erfährst du, warum wir Musik machen, was uns inspiriert, wie wir Songs schreiben und wie wir das alles gemeinsam auf die Bühne bringen.

IN DIESEM SINNE: BE ALWAYS READY TO ROCK & GRILL! DEINE COWBOYS

ACHTET AUF DIE QR-CODES!

- Für Video-Tutorials, in denen Boss & Hoss zeigen, wie du die Gerichte zubereitest.
- Bestell direkt online die Zutaten in Spitzenqualität zu fairen Preisen.
- Die ganze Playlist für dein BBQ-Event.

GRILL IN STYLE!
EIN GRUSS VON LUCKI MAURER

Ich kann mich noch gut erinnern, als mich meine damalige Freundin und heutige Frau vor fast 20 Jahren fragte: »Hast du eigentlich schon mal was von Boss-Hoss gehört? Die sind richtig, richtig gut!« Ich antwortete ihr: »Natürlich, das ist ein Motorrad, in dem ein V8-Motor verbaut ist, und das kommt aus Tennessee!«

Nun gut, wir redeten komplett aneinander vorbei. Bis sie mir sagte, dass es sich um eine Band handelt, die gerade ein Album mit dem Namen »Internashville Urban Hymns« auf den Markt gebracht hatte. Darauf wurden abgefahrene Pop-, Hip-Hop- und Rocksongs der Musikgeschichte im Country-Rock Style gecovert. Ich hörte mir das Album an und seit diesem Tag bin ich Fan und der Boss-Hoss-Virus hat mich infiziert!

Ich habe sie mir seitdem schon einige Male live angesehen und dachte

mir jedes Mal: Verdammt, die blasen live alles weg!

Einige Zeit später hatte ich wieder einmal die Anfrage von »Grill den Henssler« und es hieß, ich soll neben Ilka Bessin und Beatrice Egli auch The BossHoss coachen. Schon beim ersten Kennenlernen beim »Grill den Henssler«-Sommerspecial in Magdeburg haben wir uns sofort verstanden. Eigentlich auch kein Wunder: Wir lieben alle gute Livemusik, Motorräder, den Rock-'n'-Roll-Lifestyle und natürlich auch gutes Essen. Was wären wir für Cowboys, wenn wir nicht auch die Leidenschaft für richtig gutes BBQ und Grillen teilen würden?

In einer schönen Bier- und Feierabendlaune hatten wir die Idee geboren, gemeinsam ein Grill- und Musikevent namens Bad Ass BBQ bei mir auf der Ranch zu veranstalten. Mittlerweile sind wir in der vierten Runde dieses grandiosen Festes, bei dem sich die Crème de la Crème der deutschen Grillszene den kulinarischen Colt in die Hand gibt! Umrahmt mit richtig geiler Countrymusik und als Höhepunkt ein Konzert mit The BossHoss, sind die streng limitierten Tickets mittlerweile schneller vergriffen, als bei den Rolling Stones ;-)

Über die letzten Jahre hat sich eine richtige Freundschaft entwickelt und ich freue mich immer, wenn ich Alec und Sascha treffe. Sei es bei mir im Restaurant oder im Backstagebereich und vor der Bühne auf einem The-BossHoss-Konzert.

Alec ist ja auch ein richtiger Cowboy und auf seiner Ranch in Ostfriesland grasen mittlerweile auch Rinder aus dem Bayerischen Wald.

Dass die Jungs grandiose Musiker sind, weiß mittlerweile jeder. Dass sie auch am Grill und am Herd absolute Rockstars sind, haben sie in ihrem ersten Buch bereits eindrucksvoll demonstriert und so war es nur eine Frage der Zeit, wann Band 2 veröffentlicht wird. Mich erfüllt es mit großem Stolz, dass ich das Vorwort dafür schreiben darf. Für mich sind die Jungs echte Freunde, Compadres und Haudegen, mit denen man durch dick und dünn gehen kann. Ich freue mich schon sehr auf die nächste gemeinsame Rock-'n'-Roll-Session am Grill und sage nur: Allzeit gut Glut oder wie wir Grill Rocker sagen würden:

»Let the devil fire f**king burn!«

Euer Glutsbruder Lucki Maurer

EARLY MORNING

Rise & Shine!

BREAKFAST

*Egal, wie dein Tag wird,
ohne ordentliches Frühstück
brauchst du gar nicht anfangen!*

EARLY MORNING Hey Joe
HANGOVER BREAKFAST & SALSA MEXICANA
Frühstück mit mexikanischer Salsa

Dieses Frühstück macht euch Feuer unterm Arsch
und bringt euch wieder richtig auf Spur, versprochen!

Für die Salsa
- 2 rote Zwiebeln
- 2 Knoblauchzehen
- ½ gelbe Paprika
- 2 Tomaten
- Salz
- frisch gemahlener schwarzer Pfeffer
- etwas Olivenöl
- Saft von 2 Limetten
- einige Korianderblättchen

Für das Frühstück
- 2 Schalotten
- 6 Merguez-Schweinewürstchen
- Olivenöl
- 125 g Mozzarella
- 4 Eier, Größe M
- Salz
- frisch gemahlener schwarzer Pfeffer
- Salsa (siehe Teilrezept)
- einige Tropfen Salsa Habanero
- ½ Bund gehackte Petersilie

1. Zwiebeln und Knoblauch schälen und in feine Würfel schneiden. Paprika halbieren, entkernen und würfeln. Tomaten vierteln, entkernen und in feine Würfel schneiden.

2. Die vorbereiteten Zutaten in eine Schüssel geben, mit Salz, Pfeffer und Olivenöl würzen, Limettensaft darüberpressen und gut vermengen. Grob gehackte Korianderblättchen unterrühren und die Salsa einige Minuten durchziehen lassen.

3. Schalotten schälen und längs in Streifen schneiden. Merguez halbieren.

4. Eine gusseiserne Pfanne auf dem Grill erhitzen und die Würstchen darin von allen Seiten knusprig braten. Schalotten und Olivenöl dazugeben und mithräunen. Dics dauert je nach Hitze 2–3 Minuten.

5. Mozzarella in kleine Stücke reißen und zwischen den Wurststücken verteilen. Eier in die Pfanne schlagen, salzen, pfeffern, in den Zwischenräumen etwas Salsa verteilen und unter dem geschlossenem Grilldeckel die Eier stocken lassen. Mit Salsa Habanero reichlich beträufeln und mit Petersilie bestreut in der Pfanne servieren. Restliche Salsa dazu servieren.

Tipp: Dazu passt helles gegrilltes Brot.

Come on and get it!

Zubereitungszeit:	25 Minuten
Du brauchst:	Grilltaugliche Pfanne
Dazu passende Getränke:	Ein Pott schwarzer Kaffee Tomatensaft mit Tabasco Gemüseshrub Tomate-Rosmarin

SOUNDTRACK ZUM GRILLEN

The BossHoss:
Hey Joe

Neal Casal:
Real Country Dark

DROP IT LIKE IT'S HOT

MOLDY CHEESE SANDWICH

Sandwich mit gegrillter Kasseler-Scheibe und Schimmelkäse

Jedes Jahr am 9. Oktober wird in den USA der Moldy Cheese Day gefeiert – ein Hoch auf den Schimmelkäse. Dieses Rezept ist davon inspiriert.

Für das Sandwich

- 2 Chipotle in Adobo-Sauce
- 6 EL Mayonnaise
- Salz
- frisch gemahlener schwarzer Pfeffer
- 2 Birnen
- 4 Scheiben Kasseler Schweinelachs, gepökelt und geräuchert
- 4 dicke Scheiben dunkles Landbrot
- 320 g Schimmelkäse, z. B. Gorgonzola
- Olivenöl

1. Chipotle in Adobo-Sauce mit einem Pürierstab glatt pürieren. Mayonnaise mit Salz, Pfeffer und den pürierten Chipotle verrühren.

2. Birnen vierteln, entkernen und längs in Spalten schneiden. Kasseler-Scheiben auf dem Grill von beiden Seiten circa 5–8 Minuten grillen. Brotscheiben dazugeben und von beiden Seiten so lange grillen, bis sie knusprig sind.

3. Birnenscheiben auf dem Grill erwärmen und auf das Kasseler geben.

4. Schimmelkäse in Scheiben schneiden und auf den Kasseler-Scheiben verteilen. Den Schimmelkäse auf dem Grill mit geschlossenem Deckel kurz anschmelzen lassen.

5. Die Brotscheiben mit Mayonnaise bestreichen, je 1 Scheibe Kasseler mit geschmolzenem Käse auf eine Brotscheibe geben, großzügig pfeffern und mit Olivenöl beträufeln. Sandwich in der Mitte geteilt servieren.

Come on and get it!

Zubereitungszeit:	20 Minuten
Du brauchst:	Einen Pürierstab
Dazu passende Getränke:	Gurken-Minz-Wasser
	Matetee
	Kaffee

The BossHoss:
Drop It Like It's Hot

Chris Isaak:
Blue Hotel

NEW ORLEANS MUFFULETTA

Muffuletta mit Olivensalsa und gegrillter Fleischwurst

Der Klassiker aus den Delis von New Orleans! Wir haben Pastrami durch gegrillte Fleischwurst ersetzt. Das Sesambrötchen bekommt ihr beim türkischen oder arabischen Bäcker oder ihr nehmt ein kleines Fladenbrot mit Sesam.

Für die Olivensalsa

- 150 g grüne und schwarze Oliven ohne Kerne
- 3 Stangen Staudensellerie
- 2 Tomaten
- Salz
- frisch gemahlener schwarzer Pfeffer
- Olivenöl
- 1 Schuss Weißweinessig
- 1 Handvoll fein gehacktes Selleriegrün

Für das Muffuletta

- 4 weiche, große Sesambrötchen (alternativ: kleine Fladenbrote)
- 450 g Lyoner Fleischwurst
- einige Blätter Radicchio
- 8 Scheiben Cheddar-Käse

1. Oliven hacken. Staudensellerie in dünne Scheiben schneiden. Tomaten vierteln, entkernen und klein würfeln.

2. Die vorbereiteten Zutaten in einer Schüssel vermischen und mit Salz, Pfeffer, Olivenöl und Essig abschmecken. Zum Schluss das Selleriegrün unterrühren.

3. Sesambrötchen horizontal halbieren. Fleischwurst längs in dicke Scheiben schneiden.

4. Fleischwurstscheiben auf dem Grill von beiden Seiten so lange grillen, bis ein schönes Grillmuster entstanden ist. Dies dauert je nach Temperatur 2–5 Minuten.

5. Die Unterseiten der Brötchen mit dem Radicchio belegen. Die Hälfte der Olivensalsa darauf verteilen, dann die heißen Fleischwurstscheiben drauflegen, mit je 2 Scheiben Cheddar-Käse belegen, Restliche Salsa verteilen, zuklappen und heiß genießen.

Come on and get it!

Zubereitungszeit:	25 Minuten
Du brauchst:	Holzspieße für die Brötchen
Dazu passende Getränke:	Tonic Water Gurken-Holunder-Swizzle Café frappé

The BossHoss:
In your Face

Firewater:
So long, Superman

EARLY MORNING

till I want no more

BREAKFAST À LA PLANCHA

Herzhaftes Frühstück von der Plancha

Ein deftiges Frühstück für echte Männer – so kann der Tag beginnen.

Für das Frühstück

- 400 g gekochte kalte Kartoffeln
- 400 g braune Champignons
- 4 Tomaten
- 4 Frühlingszwiebeln
- 4 Simmentaler Short-Ribs Korean Style
- Olivenöl
- Salz
- frisch gemahlener schwarzer Pfeffer
- Szechuanpfeffer
- 4 kleine Grillwürste nach Gusto
- 4 Eier, Größe M
- etwas frischer Oregano
- 1 Handvoll gehackte glatte Petersilie

1. Kartoffeln in kleine Würfel schneiden. Champignons halbieren. Tomaten vierteln, entkernen und würfeln. Frühlingszwiebeln in Ringe schneiden.

2. Auf einer großen, vorgeheizten Plancha die Short-Ribs in etwas Olivenöl von beiden Seiten anbraten und mit Salz, Pfeffer und Szechuanpfeffer kräftig würzen. Die Ribs so lange braten, bis sie eine schöne braune Farbe angenommen haben, dies dauert je nach Hitze bis zu 20 Minuten. Dabei immer wieder wenden.

3. In dieser Zeit Kartoffelwürfel auf derselben Plancha knusprig braten und mit Salz und Pfeffer würzen. Grillwürste halbieren und ebenfalls auf der Plancha mit den Champignons und den Tomatenwürfeln braten. Salzen und pfeffern.

4. In der Mitte der Plancha die 4 Spiegeleier sunny side up braten, salzen, pfeffern und mit Frühlingszwiebeln, Oregano und Petersilie bestreut direkt auf der Plancha servieren.

Come on and get it!

Zubereitungszeit:	30 Minuten
Du brauchst:	Eine große Plancha
Dazu passende Getränke:	Café Touba
	Pu-Erh-Tee
	Schwarzer Kaffee

The BossHoss:
Till I Want No More

MC5:
Kick Out The Jams

RHODE ISLAND JOHNNY CAKE

Crazy About Cake

Herzhafte Maismehl-Pfannkuchen

Johnny Cakes sind kleine Pfannkuchen aus Maismehl. Sie bestehen ursprünglich aus wenigen Zutaten wie Maismehl, Wasser/Milch sowie Salz und sind ein authentisches Grundnahrungsmittel. Es gibt sie in dünnen oder dickeren Varianten, salzig oder gesüßt, daher sind sie zu jeder Mahlzeit ein möglichcr Begleiter. In unserer Variante klein, dünn, süß und etwas gepimpt.

Zutaten für 12 Johnny Cakes/4 Portionen

Für die Buttermilch-Vanillesauce
- 500 ml Buttermilch
- 24 g Dessertsauce Vanille ohne Kochen
- 30 g Zucker
- 1 Prise Salz
- ausgekratztes Mark von 1 Vanilleschote

Für die Johnny Cakes
- 80 g Butter, zimmerwarm
- 50 g Zucker
- 2 Eier, Größe M
- 1 Prise Salz
- 150 g Maismehl
- 100 g Weizenmehl
- 1 TL Backpulver
- 200 ml Milch
- etwas Pflanzenöl
- 125 g Beeren nach Gusto
- 50 g Rauchmandeln, grob gehackt

1. Buttermilch mit Dessertsauce Vanille, Zucker, Salz und dem Mark der Vanilleschote verrühren.

2. Butter mit dem Handrührer cremig aufschlagen. Dabei langsam den Zucker einrieseln lassen. Nacheinander die Eier dazugeben. Mit Salz würzen und glatt rühren.

3. Maismehl, Weizenmehl und Backpulver vermischen. Diese Mischung zur aufgeschlagenen Butter geben und mit Milch zu einem glatten Teig verarbeiten. Der Teig sollte nicht zu flüssig sein.

4. Eine grilltaugliche Pfanne auf dem Grill erhitzen und darin mit etwas Pflanzenöl 12 kleine Maisküchlein goldgelb backen. Je 3 Johnny Cakes auf einem Teller mit Buttermilch-Vanillesauce, Beeren und Rauchmandeln anrichten und servieren.

Zubereitungszeit:	20 Minuten
Du brauchst:	Eine grilltaugliche Pfanne und einen Handrührer
Dazu passende Getränke:	Oolong-Tee Chai-Tee Buttermilch

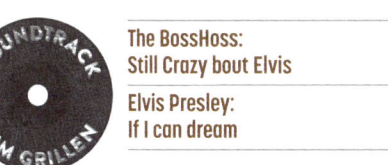

SOUNDTRACK ZUM GRILLEN

The BossHoss:
Still Crazy bout Elvis

Elvis Presley:
If I can dream

EARLY MORNING
COWBOY BREAKFAST TO GO

Frühstück auf die Hand mit Chili-Joghurt und Ei

BACK IN THE SADDLE AGAIN

Tortillas sind vielseitiger, als man denkt.
Einfach in einer Pfanne oder auf der Plancha erwärmen und dann nach
Lust und Laune befüllen. Auch super zum Frühstück mit etwas »Wumms«.

Für den Chili-Joghurt
- 2 frische Jalapeños
- 1 rote Chilischote
- 200 ml Joghurt
- Salz
- frisch gemahlener schwarzer Pfeffer
- Olivenöl
- Saft von 1 Limette

Für das Cowboy Breakfast
- 1 Dose Kichererbsen (abgetropft 265 g)
- 1 EL Panko (Paniermehl)
- Olivenöl
- Salz
- frisch gemahlener schwarzer Pfeffer
- 1 EL Paprikapulver, edelsüß
- 1 Aubergine
- 2 kleine rote Zwiebeln
- 4 kleine Welzentortillas (ca. 15 cm Durchmesser)
- 4 Eier, Größe M
- 2 Baby-Romanaherzen
- Saft von 2 Limetten

1. Jalapeños und Chili halbieren, entkernen und fein würfeln. Joghurt mit Salz, Pfeffer, 1 Schuss Olivenöl und Limettensaft verrühren. Chilis dazugeben und unterheben.

2. In einer grilltauglichen Pfanne die Kichererbsen mit Panko und etwas Olivenöl auf dem Grill knusprig braten, dies dauert je nach Hitze bis zu 10 Minuten. Dabei mit Salz und Pfeffer kräftig würzen und immer wieder schwenken. Zum Schluss mit Paprikapulver würzen. Beiseitestellen und warm halten.

3. Aubergine in kleine Würfel schneiden. Zwiebeln schälen und in Ecken schneiden. In einer gusseisernen Pfanne die Auberginenwürfel und Zwiebelecken in Olivenöl kross braten. Salzen und pfeffern.

4. Tortillas kurz auf dem Grill erwärmen. Eier in die Auberginenpfanne schlagen, salzen, pfeffern, nur einmal durchrühren. Wenn die Eier gestockt sind, direkt auf die 4 Tortillas verteilen, die Kichererbsen dazugeben, Salatblätter in mundgerechte Stücke brechen und auf die Tortillas verteilen. Mit Chili-Joghurt toppen, Limettensaft darüber auspressen und aus der Hand genießen.

Tipp: Wer mag, brät noch 300 g gut gewürztes Rinderhack krümelig an und gibt es zu den Auberginen in die Pfanne.

Zubereitungszeit:	30–35 Minuten
Du brauchst:	Zwei grilltaugliche Pfannen
Dazu passende Getränke:	Pfefferminztee mit Limette
	Geeister Matcha Latte macchiato

The BossHoss:
Yodle Blues

Ricky Nelson:
Travelin' Man

SKIRT STEAK BURGER & TEXAS-RANCH-BBQ-SAUCE

Bagel-Burger mit Simmentaler Rind

Skirt Steak liegt voll im Trend. Es handelt sich um das Zwerchfell vom Rind. Es ist ein tolles Muskelfleisch mit intensiver Marmorierung. Daher eignet es sich super zum Kurzbraten und easy Grillen.

Für den Burger

- 600 g Simmentaler Skirt Steak
- Salz
- frisch gemahlener schwarzer Pfeffer
- Olivenöl
- 4 Sesam-Bagel
- ¼ Gurke
- 2 Tomaten
- einige Salatblätter, z. B. Radicchio
- 6 EL Texas-Ranch-BBQ-Sauce (Rezept Seite 163)

1. Das Steak salzen, pfeffern, mit etwas Olivenöl einreiben und auf dem Grill von beiden Seiten direkt medium grillen. Dies dauert je nach Hitze 5–8 Minuten.

2. Bagel horizontal aufschneiden und auf dem Grill kurz toasten. Gurke und Tomaten in Scheiben schneiden. Salatblätter abzupfen.

3. Die Bagel-Unterseiten mit der Hälfte der Texas-Ranch-BBQ-Sauce bestreichen und mit Salat, Gurken und Tomaten belegen. Das Skirt Steak auf einem Holzbrett in dünne Streifen schneiden und auf den Bageln verteilen. Salzen, pfeffern, mit der restlichen Sauce toppen, Deckel drauf und go!

Come on and get it!

Zubereitungszeit:	25 Minuten
Du brauchst:	Ein großes Schneidebrett
Dazu passende Getränke:	Heißer mexikanischer Kakao Kaffee Fritz-Kola

SOUNDTRACK ZUM GRILLEN

The BossHoss:
You

Bo Diddley:
You Can't Judge a Book
By the Cover

God Loves Cowboys

SPICY CLOUD EGGS

Luftige »Cloud Eggs« mit Käse und Speck

Unsere Cloud Eggs sind scharf und deftig.
Der Clou ist: Man bestückt die Wolken je nach Geschmack mal anders.

Für die Cloud Eggs
- 4 Eier, Größe M
- 1 Prise Salz
- 1–2 rote Peperoni
- 60 g fein geriebener Pecorino-Käse
- Olivenöl
- 50 g gewürfelter Speck
- frisch gemahlener schwarzer Pfeffer
- 1 Handvoll fein gehackte glatte Petersilie

1. Eigelb und Eiweiß trennen. Eiweiß und Salz mit dem Handrührgerät luftig aufschlagen. Peperoni halbieren und fein würfeln. 40 g Pecorino unter das Eiweiß heben.

2. Etwas Olivenöl auf die vorgeheizte Plancha geben, sie sollte wirklich gut eingebrannt sein und nicht kleben, dann Eiweiß in 4 Portionen mit einem Löffel luftig daraufsetzen. Je 1 Eigelb in die Mitte geben. Speck und Peperoni darüberstreuen und mit Pfeffer würzen. Die Cloud Eggs mit geschlossenem Deckel bei 200 °C Hitze circa 10 Minuten garen. Mit Petersilie und dem restlichen Pecorino bestreut servieren.

Tipp: Du kannst die Eggs auch auf einer Scheibe geröstetem und gebuttertem Brot servieren.

Zubereitungszeit:	20 Minuten
Du brauchst:	Eine Plancha und einen Handrührer
Dazu passende Getränke:	Grüner Tee Matcha-Zitronen-Eistee Kakao oder Kaffee

The BossHoss:
God loves Cowboys

Monster Magnet:
Space Lord

LOOK, SOUND & FEEL

Alec »Boss Burns« Völkel ist Sänger von The BossHoss und Mastermind der Band, wenn es um Show und Optik geht. Jede neue Platte, jede neue Tour ist für ihn ein neues Projekt mit vielen Facetten.

STILL LIVE!

Nichts geht über Livemusik! Egal ob in einem Club, einer großen Halle oder auf einem Open-Air-Festival. Dafür lebt The BossHoss! It's all about: auf Tour sein, abliefern und eine grandio-

se Zeit mit dem Publikum haben. Ich weiß noch, wie sich unser erstes Konzert nach dem Corona-Break anfühlte – absolut fantastisch, wie eine Wiedergeburt. Ich konnte gar nicht glauben, dass das jetzt wieder möglich war. Auf dem Open Air in Südtirol lief ich den ganzen Tag mit einem breiten Grinsen im Gesicht übers Festivalge-

lände. Da waren jede Menge andere Bands, Crewmitglieder, die Leute vom Catering, von der Bühnentechnik und die Besucher natürlich. Ich dachte: Herrlich, so viele Menschen auf einem Haufen, wie großartig ist das denn? Das Wetter war toll, die Leute hatten Bock und waren regelrecht ausgehungert nach Livekonzerten, es war fan-

1992, Hollywood Walk of Fame,
Sunset Boulevard, Los Angeles.

tastisch! Schlagartig wurde mir wieder bewusst: Okay, genau deswegen machen wir das Ganze!

Klar, wir haben bis jetzt zehn Alben herausgebracht, ich liebe das Feilen an Songs und das Aufnehmen im Studio, aber das Beste an dem ganzen Rock-'n'-Roll-Business ist für mich der Livemoment auf der Bühne. Natürlich spielen wir heute keine 200 Konzerte mehr wie in unseren ersten Jahren on the road, die Shows sind viel aufwendiger geworden, aber die Grundkoordinaten sind immer noch dieselben: eine Band, eine Bühne, ein Publikum, ein geiles Gemeinschaftserlebnis. Die Leute vom Sofa herunterholen, sie in eine Halle oder auf ein Festivalgelände zu bringen, um gemeinsam den guten alten Rock 'n' Roll zu zelebrieren, das ist unsere Mission. Die ganze Band zieht daraus ihre Kraft!

Bild oben: 1986, zu Hause in Berlin.
Bild unten: 1983, Sommerferien auf der Insel Rügen.

MUST-HAVES

Wir überlegen uns sehr genau, welche Songs auf unsere Setlist kommen. Ein Konzert ist ja immer auch eine Art Best-of-Show, da gibt es Must-haves, auf die wir nicht verzichten können. Wenn wir hintereinander zehn neue Titel spielen würden, die das Publikum noch nicht gut kennt, dann wäre das für die Dynamik einer Show töd-

lich. Natürlich gibt es nach 20 Jahren auch Nummern, die ich wirklich in- und auswendig kenne und bei denen manchmal denke: Jetzt ist es aber auch gut damit. Aber das Publikum will sie unbedingt hören, und das respektieren wir. Wenn wir die Songs dann live spielen, merke ich immer wieder aufs Neue, was die Lieder frisch hält: die Reaktion des Publikums, die winkenden Arme mit den Handylichtern von ein paar Tausend Menschen. Das gibt uns allen einen wahnsinnigen Kick. Da verschmilzt dann die Band mit dem Publikum. Das merke ich auch beim Crowdsurfing, denn viel enger kann man mit dem Publikum nicht sein. Die Leute müssen mich auf Händen tragen, sonst breche ich mir noch die Knochen.

In der Planungsphase einer Tour verwenden wir viel Zeit für die perfekte Setlist. Wir kleben Zettel an ein Clip Board und schieben die Songs hin und her, diskutieren die Abfolge und so sortieren wir unser Liveprogramm zusammen. Womit eröffnen wir, wie bauen wir eine Spannungskurve auf, wo kann man vielleicht ein bisschen Luft holen, bevor das große Finale kommt? Wir spielen das im Übungsraum durch und merken in der Regel schnell: Was funktioniert, was passt vielleicht nicht so gut zusammen, etwa wenn aufeinanderfolgende Songs zu ähnlich sind oder der Unterschied zu krass ist? So arbeiten wir uns vorwärts. Wir tüfteln lange an der Dramaturgie der Show, das ist wie bei einem Theaterstück oder einem

LOOK, SOUND, FEELING

Unser 20-jähriges Bühnenjubiläum ist ein guter Zeitpunkt zum Innehalten: Was ist in der langen Zeit passiert, wo stehen wir eigentlich, wo wollen wir noch hin? Manchmal suche ich alte Sachen und Fotos raus und denke mir: Wow, so hat die Reise angefangen, so war das damals mit 200 Gigs pro Jahr, wo wir wirklich auf jedem Stadtfest gespielt haben. Und dann die Konzerte im Ausland, wie crazy war das denn in Texas oder in Kanada? Ja, ich bin sehr happy, wo wir jetzt stehen und

was wir alles machen. Die Band ist Family-Business und eine Art Gesamtkunstwerk, in dem jedes Bandmitglied seinen eigenen Beitrag leistet. Wir haben alle unsere Rollen, unsere besonderen Fähigkeiten.

Wenn ich auf Sascha und mich schaue, würde ich sagen: Sascha ist für die Ohren zuständig, für die Musik, und ich für die Augen, das Cover, den Look, die Show. Natürlich gilt das in beiden Fällen jeweils vor allem im ersten Schritt, bei der Ideenfindung. Von Sascha kommen die Songskizzen, er spielt sie meistens erst mir vor, wir arbeiten daran, dann bringen sich alle Bandmitglieder ein. Ich mach mir neben der Musik besonders Gedanken um Look, Plattencover, Bühnen-

Mit Corvette Stingray im Sommer 2019 in Berlin.

Drehbuch, da sollte ja das Publikum auch möglichst die ganze Zeit am Ball bleiben.

Am Ende haben wir einen Mix, bei dem für alle was dabei ist: fünf, sechs neue Songs, dazu eine Handvoll bewährte Live-Songs, dann – ganz wichtig! – einen Acoustic-Block, bei dem wir selbst in großen Hallen für eine intime Atmosphäre sorgen. Und nachdem wir ein bisschen auf die Bremse getreten sind, kommt das große Finale mit noch ein paar richtig großen Hits, bis wir bei »Word Up« landen, unserer traditionellen Schlussnummer. Bei dem Song holen wir stets Leute aus dem Publikum auf die Bühne. Dies ist ein klares Statement: Wir machen gemeinsame Sache mit unseren Fans! Wir sind keine abgehobenen Stars, sondern wissen genau, warum wir oben auf der Bühne stehen: Weil wir ein treues Publikum haben, das uns sehen, hören und mit uns feiern will. Das ist nicht selbstverständlich und dafür sind wir nach all den Jahren unserer Bandgeschichte immer noch – und vor allen Dingen immer wieder – unendlich dankbar.

Im Juli 2005 beim Zwarte Cross Festival in Lichtenvoorde, Niederlande.

Juni 2013, Four Aces Movie Location in Palmdale, Californien. Fotoshooting für das Album »Flames of Fame« und den Videodreh zur Single »Do it«.

bild und Showelemente. Ich stelle der Band meine Ideen vor, wir diskutieren das gemeinsam und feilen daran, wie wir das realisieren können: Was passiert auf der Bühne, was ist eventuell zu teuer, aber trotzdem eine geile Idee? So kommt eins zum anderen, bis die Show steht. Aus einer kleinen Idee wird am Ende etwas Großes. Ich weiß noch genau, wie ich das Kinoplakat des Kinofilms »Electric Horseman« mit Robert Redford gesehen habe – ein Cowboy in einem leuchtenden Rodeo-Anzug. Ich dachte: Moment mal, die Electric Horsemen, das könnten auch wir sein. Mit dieser Inspiration entstand der gesamte Look, das Album-Artwork, das Bühnenbild und auch unsere Outfits für die Musikvideos. Sascha hat dieses Feeling ins Songwriting getragen und mit der ganzen Band weiterentwickelt. Oberste Regel: Erst wenn alles wirklich rund ist, darf das Projekt nach draußen. So läuft das und so wird es auch in der Zukunft sein: We keep rockin'!

IT'S SHOWTIME!

Seit 20 Jahren stehen The BossHoss auf der Bühne! In den Anfangsjahren noch in kleinen Clubs und auf Stadtfesten, aber seit vielen Jahren in großen Hallen und auf Festivalbühnen in ganz Europa. Jedes Mal mit der rohen Rock 'n' Roll-Energie der ersten Tage und den besten Showelementen, die es heute gibt: Pyrotechnik, Projektionen, Lightshow. Die Band eint ein Ziel: dem Publikum die beste, wildeste Rock'n'Roll-Show zu bieten, ein fantastisches Gemeinschaftserlebnis. Dafür geben nicht nur die Bandmitglieder alles, sondern auch die Menschen hinter den Kulissen, die sich um Technik, Catering, Security und Tourmanagement kümmern. Unsere Mission für euch: We keep on rockin' for the next 20 f**king years!

NO SMOKING
STOP ENGINES

HIGH NOON · LUNCH

Ein Mann muss tun,
was ein Mann tun muss.

NAKED PRAWN BURGER

Garnelen-Burger ohne Bun
mit Thousand-Island-Comeback-Sauce

Wer hätte das gedacht? Ein Revival für die Thousand-Island-Sauce aus den 70er-Jahren. Oder war sie bei euch nie weg? Zu Recht, Gutes ist halt zeitlos und sie passt einfach fantastisch zu Garnelen!

Für die Thousand-Island-Comeback-Sauce
- 150 g Mayonnaise
- Salz
- frisch gemahlener schwarzer Pfeffer
- etwas Tabasco nach Gusto
- 1 EL Ketchup
- je ½ rote, grüne und gelbe Paprikaschote

Für die Garnelen-Pattys
- 400 g küchenfertige, rohe Garnelen ohne Schale
- Salz
- frisch gemahlener schwarzer Pfeffer
- Schale von ½ Bio-Limette
- 3 EL fein geschnittener Dill
- 3 EL feingeriebener Parmesan
- Olivenöl

Für den Burger
- 2 kleine Köpfe Radicchio
- Olivenöl
- 2 Tomaten
- 2 kleine rote Zwiebeln

1. Mayonnaise mit Salz, Pfeffer, Tabasco und Ketchup glatt rühren. Paprika entkernen, fein würfeln und unter die Sauce rühren.

2. Garnelen sehr fein hacken. Mit Salz, Pfeffer, Limettenschale und Dill würzen, Parmesan dazugeben und alles sehr gut vermischen.

3. Olivenöl in die vorgeheizte gusseiserne Pfanne geben, aus der Garnelenmasse 4 Frikadellen formen und von beiden Seiten goldbraun braten. Dies dauert je nach Hitze 4–8 Minuten.

4. In dieser Zeit Radicchio in 2 cm dicke Scheiben schneiden, unbedingt den Strunk dranlassen, sonst zerfällt er, mit Olivenöl bepinseln und 2 Minuten grillen. Tomaten in Scheiben, Zwiebeln schälen und in Ringe schneiden. Die Salatscheiben mit der Hälfte der Thousand-Island-Comeback-Sauce bestreichen. Tomatenscheiben, Garnelen-Patty und Zwiebelringe sowie die restliche Sauce darauf verteilen und genießen.

Come on and get it!

Zubereitungszeit:	25–30 Minuten
Du brauchst:	Eine grilltaugliche Pfanne
Beer:	Kristallweizen
Wine:	Wild White West, Sauvignon Blanc
Whiskey:	Whisky Balvenie Caribbean Cask 14

The BossHoss:
Dance The Boogie

Hot Boogie Chillun:
The One

HOT BUFFALO WRAP

Wrap mit Tabasco und Mascarpone

Der Buffalo Style steht, auf Rezepte bezogen, in den USA für »mit Tabasco«.
Außer der klassischen roten Tabasco-Sauce gibt es auch eine grüne Tabasco-Sauce.

Für den Wrap
- ¼ Rotkohl
- Salz
- frisch gemahlener schwarzer Pfeffer
- 1 Schuss Kräuteressig
- Olivenöl
- 150 g Mascarpone
- einige Tropfen grüne Tabasco-Jalapeño-Sauce je nach Gusto
- 1 EL Tomatenmark
- 2 kleine Avocados
- Saft von 1 Zitrone
- 2 rote Zwiebeln
- 4 mittelgroße Weizen-Tortillas (18 cm Durchmesser)
- 100 g Babyspinat
- 40 g Cheddar-Käse
- 1 EL Butter

1. Rotkohl in feine Streifen hobeln, salzen und pfeffern, Essig und etwas Olivenöl dazugeben, durchkneten und beiseitestellen.

2. Mascarpone mit Salz, Pfeffer, Tabasco und Tomatenmark glatt rühren. Avocados halbieren, entkernen, das Fruchtfleisch mit einem Löffel herausholen, würfeln und mit Zitronensaft beträufeln. Zwiebeln schälen und in feine Streifen schneiden.

3. Tortillas in einer gusseisernen Pfanne oder auf der Plancha kurz erwärmen. Mit Mascarpone bestreichen, mit Avocado und Rotkohl belegen, ein Viertel der Spinatblätter und Cheddar dazugeben und einmal fest zusammenklappen.

4. Butter in eine Pfanne oder auf die Plancha geben und die Wraps von beiden Seiten 2–3 Minuten knusprig braten. Die Buffalo-Wraps heiß genießen.

Tipp: Dazu passt ein schnell zubereitetes grünes Kräuteröl aus Olivenöl, viel Basilikum, etwas Salz und Pfeffer.

Zubereitungszeit:	25–30 Minuten
Du brauchst:	Eine grilltaugliche Pfanne oder eine Plancha
Beer:	Helles Lager
Wine:	Wild White West, Deutscher Weißburgunder
Whiskey:	Glenmorangie the Original

The BossHoss:
Hell Yeah

The Sonics:
Strychnine

HIGH NOON.
Three Little Words
ARIZONA HOTDOG
Hotdog mit schwarzen Bohnen

Einmal Wüsten-Hotdog bitte. Im Süden von Arizona und im Nordwesten Mexikos wird dieser Hotdog in den sogenannten Streetfood-typischen Dogueros verkauft. Wir sind ganz nah dran am Original-Tucson-Hotdog. Übrigens besitzen viele amerikanische Staaten oder Städte ihr eigenes Hotdog-Rezept.

Für den Hotdog

- 2 kleine Zwiebeln
- 2 Tomaten
- 2 Jalapeños
- Salz
- frisch gemahlener schwarzer Pfeffer
- Olivenöl
- 1 Dose schwarze Bohnen (abgetropft 290 g)
- 1 Schuss Apfelessig
- 4 Hotdog-Würstchen
- 8 Scheiben Bacon
- 4 Hotdog-Brötchen
- 2 EL Senf nach Wahl
- 2 EL Mayonnaise

1. Zwiebeln schälen und fein würfeln. Tomaten vierteln, entkernen und würfeln. Jalapeños halbieren, entkernen, fein würfeln. Die vorbereiteten Zutaten vermischen und mit Salz, Pfeffer und Olivenöl abschmecken.

2. Schwarze Bohnen mit Salz, Pfeffer, Essig und Olivenöl vermischen, kräftig abschmecken und 10 Minuten ziehen lassen.

3. In dieser Zeit die Würstchen mit je 2 Scheiben Bacon umwickeln und auf dem Grill so lange braten, bis der Bacon knusprig ist. Dies dauert je nach Hitze 5–10 Minuten. Brötchen kurz toasten und an der Seite entlang aufschneiden.

4. Brötchen mit schwarzen Bohnen füllen, je 1 gegrilltes Würstchen dazugeben, mit Zwiebeln, Tomaten und Jalapeños bestreuen. Senf und Mayonnaise in dünnen Streifen über das ganze Hotdog-Brötchen geben und genüsslich verspeisen.

Tipp: Dazu braucht es ein Bier, und wer mag, streut noch etwas Piment d'Espelette über seinen Hotdog.

Come on and get it!

Zubereitungszeit:	25 Minuten
Beer:	Red Ale
Wine:	Wild White West, Riesling
Whiskey:	Clynelish Whisky Aged 14 Years

SOUNDTRACK ZUM GRILLEN

The BossHoss:
Three Little Words

Tony Joe White:
Whompt Out On You

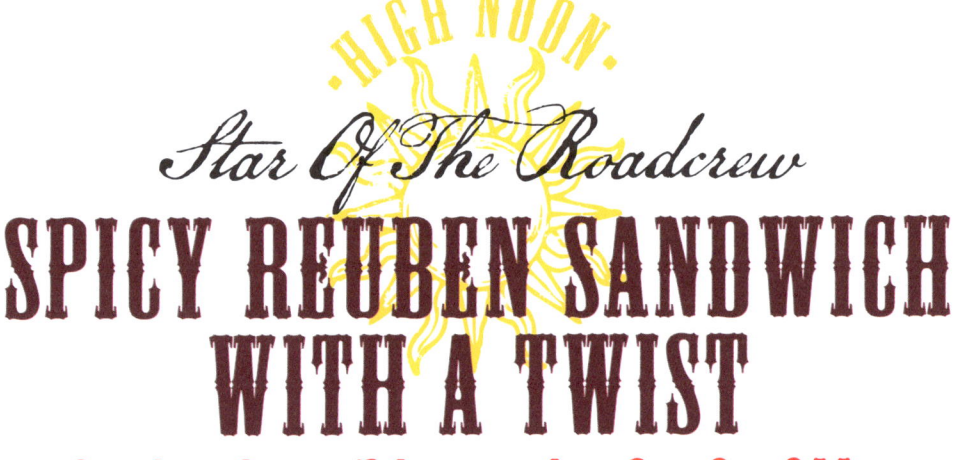

SPICY REUBEN SANDWICH WITH A TWIST

Reuben-Sandwich mit Pilzen und süßer Senf-Mayonnaise

Das Reuben-Sandwich mit Pastrami ist ein Klassiker aus New York.
Dieses Rezept lässt sich auch ganz leicht vegan zubereiten:
Pastrami streichen, Käse durch veganen Käse ersetzen und
vegane Mayonnaise für das Dressing verwenden.

Für das Sandwich

- 1 Glas Sauerkraut, fix und fertig (425 g)
- 2 rote Zwiebeln
- 1 TL Zucker
- 1 EL Essig
- 8 Scheiben Landbrot
- 280 g braune Champignons
- Olivenöl
- Salz
- frisch gemahlener schwarzer Pfeffer
- 2 EL Senf
- 4 EL Mayonnaise
- 1 EL englische Orangenmarmelade
- 200 g Pastrami-Scheiben
- 4 Scheiben Käse, z. B. Cheddar, in Streifen geschnitten
- 2 EL fein gehackte Kräuter, z. B. Minze

1. Sauerkraut in einem kleinen gusseisernen Topf auf dem Grill erwärmen. Zwiebeln schälen, in Ringe schneiden, mit Zucker und Essig vermischen und 5 Minuten durchziehen lassen.

2. Brotscheiben auf dem Grill kurz anrösten, bis sie ein Grillmuster haben. Champignons in Scheiben schneiden und in einer vorgeheizten gusseisernen Pfanne in Olivenöl anbraten. Mit Salz und Pfeffer würzen.

3. Senf, Mayonnaise und Marmelade glatt rühren.

4. Das Sauerkraut auf 4 Brotscheiben verteilen, darauf je ein Viertel der Champignons geben, darauf 4–5 Scheiben Pastrami, dann einige Streifen Käse legen und 2 Minuten auf dem Grill mit geschlossenem Deckel schmelzen lassen. Dann mit Zwiebelringen belegen, mit der süßen Senf-Mayonnaise toppen und mit Kräutern bestreuen. Zuklappen und genießen.

Zubereitungszeit:	25 Minuten
Du brauchst:	Grilltaugliche Pfanne und einen grilltauglichen Topf
Beer:	Bockbier, z.B. Weißer Bock (Mahrs Bräu)
Wine:	Wanted Red Or Alive, Country Red, Nero d'Avola
Whiskey:	Deanston Single Malt, Years 12 Old

The BossHoss:
Star Of The Roadcrew

Willie Nelson:
On The Road Again

IT'S ALL ABOUT THE SOUND!

Bei Sascha »Hoss Power« Vollmer läuft musikalisch alles zusammen. Er hat die Songideen, nimmt die ersten Demos auf, kümmert sich um Songwriting, Arrangements, Recordings und Mixing und überlegt sich, wie der BossHoss-Sound auch nach 20 Jahren noch frisch und neu klingt.

FIRST STEPS

Ich habe bereits vor The BossHoss Songs geschrieben und hatte mit meinen Kenntnissen an Gitarre und Klavier immer die Möglichkeit, Songideen auch gleich umzusetzen. Ich interessierte mich schon sehr früh für Homerecording und probierte zu Hause rum, anfangs vor allem mit einem Achtspurrekorder, später mit dem Computer. Als ich Alec kennenlernte und wir die Idee mit den Countrysongs hatten, nahmen wir erste Song-

skizzen in meinem Homestudio in Berlin-Mitte auf dem Dachboden auf. Meine Freunde Tobi und Ansgar tüftelten damals ebenfalls in ihren Homestudios rum und schließlich sagten wir: »Hey, lasst uns doch unser Gear zusammenschmeißen und ein ordentliches Studio aufmachen!« Da hätten wir ja ganz andere Möglichkeiten als zu Hause, wo man ja nicht Schlagzeug spielen oder Gitarren- und Bassverstärker richtig aufdrehen kann, ohne dass es Stress mit den Nachbarn gibt.

Wir machten in unserem neuen Studio in der Storkower Straße neben unserer eigenen Musik und Produkti-

onen anderer Bands auch Werbespots für namhafte Kunden (McDonald's, Vodafone, Mercedes-Benz, BMW, ...). Mit solchen Jobs verdienten wir anfangs unser Geld. Doch kaum ging das mit der Band richtig los, wurde das ein reines BossHoss-Studio und Band-Headquarter. Wir hatten einfach keine Zeit mehr für andere Dinge als BossHoss. In diesem Studio wird bis heute geprobt, aufgenommen, produziert. Allerdings sind Technik und Computerprogramme heute so gut, dass ich bei der Produktion auch vieles zu Hause in Topqualität machen kann – erste Edits unserer Sessions

2007 auf Tour quer durch Kanada bei einem Shooting irgendwo zwischen Edmonton und Calgary.

bearbeiten, Details korrigieren, aber natürlich auch komponieren, texten und erste Demos aufnehmen und mischen. Seit den Anfangstagen bin hauptsächlich ich für das Songwriting und die Produktion zuständig. Alec kommt ja aus der Werbegrafik und war von Anfang an für Plattencover, Tourposter, Merchandising und T-Shirt-Motive zuständig, also für alles, was man bei The BossHoss sehen kann. Boss für die Augen, Hoss für die Ohren – dieses Jobsharing ergab sich ganz natürlich und funktioniert bis heute sehr gut.

Sascha als Rockabilly mit circa 16 Jahren.

GUITAR RULES!

Wie Songs bei uns entstehen? In der Regel so: Ich habe eine Gitarre auf dem Schoß und probiere rum, irgendwelche Melodien oder Riffs, überlege dann: Was passt dazu? Ich nehme eine Songskizze auf und frage Alec: »Ey, hör mal, was hältst du denn davon? Wir könnten in dem Style einen Song machen. Das ist doch ein geiler Beat, ein geiles Lick!« Oder aber Alec hat einen Schnipsel ins Handy gesungen und fragt mich, wie ich das finde. Mit dem Input und Material ziehe ich mich ins Home- oder Hauptstudio zurück und arbeite daran. Meistens ist es so, dass die Melodie und die Gitarre und das Riff zuerst da sind und später überlege ich mir Text dazu. Es gibt aber auch Ausnahmen, wenn ich eine coole T-Shirt-Line sehe oder höre – zum Beispiel »Don't gimme that« –, die mich beflügelt, was draus zu machen. Manchmal möchte ich auch über ein bestimmtes Thema wie zum Beispiel Freiheit schreiben. Oder ich denke: Hey, so ein abgefahrener Dance-Boogie mit Hände hoch auf dem Dancefloor, das wär doch mal was! Es ist immer Work in Progress – einen komplett fertigen Text hatte ich

zum Beispiel noch nie auf dem Tisch, um dann nur noch eine Melodie oder Akkorde drum rum zu stricken.

In der Regel fange ich mit der Gitarre an und lege dann einen leichten Beat drunter, sodass man eine Idee bekommt, in welche Richtung der Song geht. Dann kommt der Gesang dazu. Das spiele ich noch niemandem vor, sondern schlafe noch mal drüber, lass es wirken. Ich möchte ja nichts rausschicken, wo ich nur »la, la, la« vor mich hin murmele. Im nächsten Schritt frage ich mich: Was könnte ein Textaufhänger dazu sein, was klingt gut? Viel mehr als Strophe und Refrain braucht man erst mal nicht, damit der Charakter und die Richtung eines Songs erkennbar sind. Das Demo schicke ich an Alec und frag ihn: »Hör mal rein, was hältst du davon?« Dann schreibt er meist zurück: »Ist geil, wird was draus, lass uns das mal weitermachen.« Er sagt eigentlich nie: »Oh, das gefällt mir nicht, da kann ich nix mit anfangen.« Wenn Alec Zweifel hat, sage ich: »Warte erst mal, bis noch ein paar Schritte dazukommen, ich hab schon ein Arrangement im Kopf, da kommen noch diese Instrumente dazu, so ein Beat oder so ein Bass ...« So geht es Schritt für Schritt weiter. Bis wir eine erste Recording-Session starten können.

Hoss mit seiner 79er »Shovelhead«-Harley, custom made by Thunderbike.

PUTTING IT ALL TOGETHER

Bei den Recordings ist jedes Mitglied der Band involviert, jeder überlegt sich seinen Part, macht sich Notizen, probiert – und dann nehmen wir auf. Wir recorden einige Keytracks, die dann vielleicht schon als Take für ein Album tauglich sind. Es folgt ein Roughmix der Songs und die werden so weit runtergemischt, dass man sie anderen vorspielen kann. Diese Demos schicken wir an Partner raus – an unser Label, an Radiopromoter, auch an wichtige Leute aus der Crew. So kann sich zum Beispiel unser Licht-

Mann frühzeitig überlegen, was auf der Bühne gut passt. Unsere Bühnentechniker können so bereits Ideen sammeln, ob wir Pyrotechnik einsetzen oder eine spezielle Bühnenoptik brauchen wie bei »Electric Horsemen« zum Beispiel. Es ging darum, was zum Sound passt, zu den Texten, was alles da sein muss, um das Thema Elektrizität auch visuell umzusetzen.

Und natürlich bekommen auch unsere Geschäftspartner relativ früh Material von uns. Wir haben bei unserem Label keinen Künstlervertrag, sondern einen Bandübernahme-Vertrag. Das bedeutet, dass der Künstler mit einem fertigen Band kommt und es auf den Tisch legt und sagt: »Das ist das Album.« Wir haben die künstlerische Hoheit, sprechen aber natür-

lich trotzdem miteinander. Denn wir brauchen Input von den Profis in den einzelnen Sparten, wenn es etwa darum geht, was radiotauglich ist. Da kann ein Song, der für uns eine geile Single wäre, fürs Radio zu progressiv sein oder das Gitarrensolo darin ist zu dominant. Bei der Auswahl der Single arbeiten wir sehr eng mit der Plattenfirma zusammen, mit dem sogenannten A&R, der sich um Artist und Repertoire kümmert. Mit der ersten Single wollen wir ja alle einen möglichst breiten Aufschlag für das kommende Album hinkriegen. Manchmal produzieren wir dann bei einer Nummer auch einen Radio-Edit, der etwas kürzer und knackiger ausfällt als der Albumtrack und eben kein zweiminütiges verzerrtes Gitarrensolo hat.

THE TIMES THEY ARE A-CHANGIN'

Beim Produzieren unserer Alben hat sich in den letzten 20 Jahren viel geändert. Wir reden inzwischen von zehn BossHoss-Alben. Das ist eine lange Entwicklung und wir wollen uns als Band ja auch nicht einfach wiederholen. Auf unserem ersten Album gab es zu 80 oder 90 Prozent Coversongs. Der Joke war super und hat eine Riesenwelle gemacht, aber der Gag war auch auserzählt und es reichte uns nicht, dieses Album einfach noch einmal zu machen. Schon beim zweiten Album hatten wir nur noch zur Hälfte Covers. Produktionsmäßig kam das eine oder andere dazu, wir haben mehr Arrangement zugelassen, es war nicht mehr der rudimentäre Sound vom Anfang. Das Schlagzeug wurde größer, wir hatten jetzt auch einen E-Bass und Keyboards. Es wurde immer ein bisschen ausgefeilter im Arrangement und wir entwickelten das von Album zu Album fort.

Wenn man heute alle unsere Alben durchhört, versteht man diese kontinuierliche Weiterentwicklung. Wer uns aber noch nicht kennt und das erste Album aus dem Regal zieht und anhört und dann gleich das letzte Album, könnte denken, dass das zwei verschiedene Bands sind. Was allerdings dagegenspricht, ist die Konstante mit der doppelten Vokalspitze von Boss und Hoss. Alec und ich ergänzen uns, unsere Stimmen sind markant und daran hat sich in den 20 Jahren nichts geändert.

Wir haben uns etwas Solides aufgebaut – einen Kultstatus –, ähnlich vielleicht wie die Toten Hosen oder die Ärzte. Die Fans sind zusammen mit uns älter geworden und bleiben der Band treu. Live auf einer Bühne spielen unterliegt sowieso keiner Mode. Da muss man einfach liefern. Auf der Bühne präsentieren wir uns, wie wir sind und was wir sind: Musiker, die das machen, was ihnen am wichtigsten ist – Musik. Und das wird so bleiben, auch wenn sich im Musikbusiness so manches während der letzten 20 Jahre verschoben hat: Früher hat man eine Tour gespielt, um ein Album zu promoten. Heute braucht man ein Album, um eine Tour zu bewerben. Ein Album hat heutzutage nicht mehr zwingend dieselbe Relevanz wie vor ein paar Jahren noch, da sich durch die Streaming-Anbieter das Hörverhalten geändert hat, aber trotzdem bleibt ein Album für mich ein Gesamtkunstwerk, das zeigt, wo eine Band steht, wie sie arbeitet, was sie für ein Statement machen will. Und es ist ja immer spannend, wenn man hören kann, wie sich eine ausgefeilte Studioaufnahme im Vergleich zum Livesong auf der Bühne verhält. Wir brauchen neue Musik, um den Leuten Lust auf unsere Konzerte zu machen, und deswegen werden wir auch weiterhin Platten herausbringen.

Ich muss mich oft kneifen, dass wir das alles schon 20 Jahre machen. Das ist ein Traum, der wahr geworden ist und den wir immer noch leben. Es gibt nichts Schöneres, als sein liebstes Hobby zum Beruf zu machen. Deswegen ist das für mich auch kein Job, bei dem ich darüber nachdenke, ob das später mal für die Rente reicht. Musik ist für mich nach wie vor Leidenschaft und die kennt keine Altersgrenze.

Hoss beim Zwarte Cross Festival in Holland 2005.

SUMMER BREAK SALAD

Sommersalat mit Wassermelone, Spargel, Zucchini und Joghurtdressing

Manchmal muss es einfach mal leicht und sommerlich sein!

Für das spicy Joghurtdressing
- 4 EL Joghurt
- Salz
- frisch gemahlener schwarzer Pfeffer
- 2 TL Chilipaste, z. B. Sambal Oelek
- Saft von 1 Zitrone

Für den Salat
- 2 Bund grüner Spargel
- 2 gelbe Zucchini
- ½ Wassermelone
- Olivenöl
- Salz
- frisch gemahlener schwarzer Pfeffer
- 1 Bund Minze

1. Joghurt mit Salz, Pfeffer und Chilipaste verrühren. Mit Zitronensaft würzen.

2. Die verholzten Enden vom Spargel abschneiden, schälen ist nicht notwendig, wenn der Spargel sehr frisch ist, ansonsten das untere Stück schälen, dann in 3 cm lange Stücke schneiden. Zucchini längs vierteln, entkernen und in 2 cm lange Stücke schneiden. Wassermelone schälen und würfeln.

3. Olivenöl auf eine vorgeheizte Plancha geben und Spargel und Zucchini kräftig 3–4 Minuten anbraten. Mit Salz und Pfeffer würzen. Das Gemüse in eine große Schüssel geben.

4. Die Melonenwürfel auf die Plancha geben, 2–3-mal durchrühren und zum Gemüse geben. Salzen, pfeffern, etwas Olivenöl und Joghurtdressing dazugeben. Den Salat vorsichtig vermischen und mit gezupften Minzeblättchen garniert servieren.

Tipp: Dazu passen je 2 Black-Tiger-Garnelen vom Grill.

Zubereitungszeit:	20 Minuten
Du brauchst:	Eine große grilltaugliche Pfanne oder Plancha
Beer:	Weizen
Wine:	Western White, Sauvignon Blanc von der Loire
Whiskey:	Whisky Aberlour 12 Years Old

The BossHoss:
Coutry Girl

Ramones:
Rockaway Beach

HIGH NOON

I like It Like That

SHRIMPS & GRITS MEMPHIS STYLE

Shrimps und Polenta mit Memphis-BBQ-Sauce

In den Südstaaten werden Shrimps und Grits traditionell zum Frühstück gegessen, bei uns jedoch eher zum Mittag- oder Abendessen.

Für die Garnelen mit Polenta

- 1 rote Zwiebel
- 2 Knoblauchzehen
- je 1 rote, grüne und gelbe Paprikaschote
- 1 Bund Frühlingszwiebeln
- 20 Garnelen, roh, ohne Schale, ohne Kopf
- 1 l fertige Hühnerbrühe
- 150 g Polentagrieß
- frisch geriebene Muskatnuss
- 1 EL Butter
- 50 g Parmesan
- Olivenöl
- Salz
- frisch gemahlener schwarzer Pfeffer
- 1 Handvoll gehackte frische Kräuter nach Gusto
- Saft von 2 Zitronen
- 4 EL Memphis-BBQ-Sauce (Rezept Seite 162)

1. Zwiebel und Knoblauch schälen und beides klein würfeln. Paprika halbieren, entkernen und in grobe Würfel schneiden. Frühlingszwiebeln in feine Ringe schneiden. Wenn nötig, den Darm der Garnelen entfernen.

2. Brühe in einem gusseisernen Topf oder in einer tiefen Pfanne auf dem Grill zum Kochen bringen. Polentagrieß einrühren und 5 Minuten unter Rühren köcheln lassen. Dann mit reichlich Muskatnuss, Butter und 40 g fein geriebenem Parmesan würzen.

3. Zwiebeln und Knoblauch mit Olivenöl auf die vorgeheizte Plancha geben. Garnelen dazugeben und von beiden Seiten 5–8 Minuten braten, je nach Hitze. Mit Salz und Pfeffer würzen. Paprikawürfel dazugeben, salzen, pfeffern und 3–4-mal durchrühren.

4. Polenta auf 4 Tellern anrichten und etwas ausstreichen. Darauf die Garnelen-Gemüse-Mischung anrichten. Frühlingszwiebel darüberstreuen, den restlichen Parmesan fein darüberreiben und mit Kräutern und Zitronensaft beträufelt heiß servieren. Memphis-BBQ-Sauce separat zum Dippen dazu servieren.

Come on and get it!

Zubereitungszeit:	30–35 Minuten
Du brauchst:	Eine Plancha oder große grilltaugliche Pfanne und einen grilltauglichen Topf oder tiefe Pfanne
Beer:	Kölsch
Wine:	Western White, Pinot Grigio
Whiskey:	Tullamore Aged 12 Years

SOUNDTRACK ZUM GRILLEN

The BossHoss:
I like It Like That

Juliette & The Licks:
Hot Kiss

BLACKENED SALMON & HOT CAESAR SALAD

Blackened Lachsmedaillons mit scharfem Caesar Salad

Ein toller Black Rub zum Lachs aus der Cajun-Küche und der Caesar Salad passt hervorragend dazu. Seinen Ursprung soll der Caesar Salad im mexikanischen Tijuana haben. So wundert es nicht, dass diese Kombi es in sich hat.

Für die geschwärzten Lachsmedaillons
- 1 EL Kakaopulver
- 2 EL Kaffeebohnen, feinst gemahlen, z. B. in einem Universalzerkleinerer
- Salz
- frisch gemahlener schwarzer Pfeffer
- ½ TL Chiliflocken
- 4 Lachsmedaillons à 150 g
- Olivenöl

Für den heißen Caesar Salad
- 5 Sardellenfilets
- 4 EL Crème fraîche
- Saft von 2 Zitronen
- Salz
- frisch gemahlener schwarzer Pfeffer
- Olivenöl
- 4 Baby-Romanasalate
- 50 g Parmesan
- einige Dillspitzen

1. Kakao, Kaffee, Salz, Pfeffer und Chiliflocken zusammen vermischen. Die Lachsmedaillons damit gut einreiben und 30 Minuten im Kühlschrank marinieren lassen.

2. Olivenöl in eine vorgeheizte gusseiserne Pfanne geben und die Medaillons von allen Seiten nicht zu heiß garen. Dies dauert je nach Hitze 8–12 Minuten.

3. In dieser Zeit Sardellenfilets fein hacken. Crème fraîche mit Zitronensaft, Salz, Pfeffer, Olivenöl und Sardellen glatt rühren. Romanasalate halbieren, dabei aber den Strunk dranlassen, sonst fällt er auf dem Grill auseinander. Die Romanasalathälften kurz auf den Grillrost legen und von der Schnittseite angrillen. Dann den Strunk abschneiden und die heißen Blätter mit dem Dressing vermischen und auf 4 Tellern anrichten. Darüber den Parmesan hobeln und je 1 Lachsmedaillon daneben anrichten. Mit Dill garnieren, noch mal kräftig pfeffern und heiß servieren.

Tipp: Nichts passt dazu besser als knuspriges Baguette.

Come on and get it!

Zubereitungszeit:	20 Minuten + 30 Minuten Marinierzeit
Du brauchst:	Grilltaugliche Pfanne oder Plancha und einen Universalzerkleinerer oder Mörser
Beer:	Helles Weizenbier
Wine:	Wanted Red or Alive, Gamay
Whiskey:	Basil Hayden Bourbon

The BossHoss:
Flaming Star

Paul Burch:
Carter Cain

· HIGH NOON ·

Fishing in the Dark

SWEET AND HOT & CORN DODGERS

Rotbarschfilet mit Melonentopping und Corn Dodgers

Corn Dodgers sind authentisches Trailfood – in dieser Kombination mit süß-scharfem Topping und dem Fischfilet auf ein neues Level gehoben.

Für die Corn Dodgers
- 500 ml Gemüsebrühe, kräftig abgeschmeckt
- Olivenöl
- 150 g Polentagrieß
- 1 kleine Dose Mais (abgetropft 285 g)
- frisch geriebene Muskatnuss

Für das Topping
- 2 kleine rote Zwiebeln
- ½ Cantaloupe-Melone
- 2 Serrano-Chili (alternativ: 2 grüne Chilischoten)
- ½ Bund Minze, grob gehackt
- Salz
- frisch gemahlener schwarzer Pfeffer
- Olivenöl
- Saft von 2 Limetten

Für das Rotbarschfilet
- 4 Rotbarschfilets à 180 g
- Salz
- frisch gemahlener schwarzer Pfeffer
- 3 EL Butter

1. In einem gusseisernen Bräter die Brühe und etwas Olivenöl zum Kochen bringen. Maisgrieß einrühren, Maiskörner dazugeben, mit Muskatnuss würzen und so lange kochen, bis eine breiige Konsistenz erreicht ist. Den Pfanneninhalt glatt streichen und 20 Minuten auskühlen lassen. Polenta aus dem Bräter stürzen und in mundgerechte Stücke schneiden.

2. Zwiebeln und Melone schälen, klein würfeln. Chili halbieren, entkernen fein würfeln. Alle so vorbereiteten Toppingzutaten mit der Minze vermischen, mit Salz, Pfeffer, Olivenöl und Limettensaft würzen.

3. Rotbarschfilets salzen und pfeffern. Die Filets in einer Pfanne mit reichlich Butter langsam auf dem Grill garen. Dabei immer wieder mit Butter übergießen. In einer zweiten Pfanne die Corn Dodgers in Olivenöl knusprig braten.

4. Rotbarsch mit den Corn Dodgers auf Tellern anrichten, das scharfe Melonentopping auf die Fische verteilen und genießen.

Come on and get it!

Zubereitungszeit:	40 Minuten + 20 Minuten Auskühlzeit für die Polenta
Du brauchst:	Einen grilltauglichen Bräter und zwei grilltaugliche Pfannen
Beer:	Mexikanisches Corona
Wine:	Roséo Rodeo, Rosé
Whiskey:	Glenfiddich

The BossHoss:
Goodbye Mary

Queens of the Stone Age:
3s & 7s

HIGH NOON

Shake Your Hips

BITTER-SWEET SALAD

Chicoréesalat mit Nüssen, Anchovis und Oliven

Beim gesunden Bittersalat wird durch das Feigendressing der bittere Geschmack abgemildert und ist auch ohne Leber ein toller Salat.

Für das Dressing
- 1 kleine rote Zwiebel
- 50 g grob gehackte Walnüsse
- 100 g grüne und schwarze Oliven
- 3 Anchovis
- 4 Feigen
- 1 Bund fein gehackte glatte Petersilie
- Saft von 2 Zitronen
- Olivenöl
- Salz
- frisch gemahlener schwarzer Pfeffer

Für den Salat
- 4 Köpfe Chicorée
- Olivenöl
- Salz
- frisch gemahlener schwarzer Pfeffer

1. Zwiebel schälen und fein würfeln. Walnüsse in einer kleinen Pfanne auf dem Grill fettfrei rösten. Oliven und Anchovis klein hacken. Feigen fein würfeln. Alle vorbereiteten Zutaten vermischen und mit Petersilie, Zitronensaft, Olivenöl, Salz und Pfeffer abschmecken.

2. Chicorée halbieren, dabei den Strunk nicht abschneiden, damit der Salat zusammenhält. Salathälften mit Olivenöl bepinseln und auf dem Grill so lange grillen, bis ein Grillmuster entstanden ist. Salzen, pfeffern und auf einer großen Platte anrichten. Mit dem Dressing reichlich beträufeln und gleich servieren.

Tipp 1: Pimp den Salat mit gegrillter Entenleber – mit Salz, Pfeffer und Thymian würzen, wunderbar!

Tipp 2: Dazu passt helles gegrilltes Brot.

Zubereitungszeit:	20 Minuten
Du brauchst:	Eine Grilltaugliche Pfanne und eine große Platte zum Anrichten
Beer:	Leffe Blonde
Wine:	Wild White West, Western White, Verdelho
Whiskey:	Whisky Ancnoc Single Malt 12 Years Old

SOUNDTRACK ZUM GRILLEN

The BossHoss:
Shake Your Hips

Johnny »Guitar« Watson:
Ain't That A Bitch

·HIGH NOON·

Sugarman's Delight

SWEET POTATO WAFFLES

Süßkartoffelwaffeln mit Hüftsteak, Bacon und Cheddar

Es müssen nicht immer nur Süßkartoffel-Pommes sein. Süßkartoffelwaffeln vom Grill sind einfach superlecker und abwechslungsreich.

Für die Waffeln
- 1 große Süßkartoffel (du brauchst 300 g gares Fruchtfleisch)
- 100 g gesalzene Butter, zimmerwarm
- 2 Eier, Größe M
- Salz
- frisch gemahlener schwarzer Pfeffer
- 1 TL Paprikapulver
- 1 TL Majoran
- 200 g Mehl
- ½ Päckchen Backpulver
- 2 EL Milch
- Olivenöl

Für den Burger
- 2–3 Hüftsteaks à 250 g
- Salz
- frisch gemahlener schwarzer Pfeffer
- Olivenöl
- 8 Scheiben Bacon
- 2–3 Scheiben Cheddar-Käse
- 4 EL Texas-Ranch-BBQ-Sauce (Rezept Seite 163)

1. Süßkartoffel mehrmals mit einer Gabel einstechen, in Alufolie einwickeln und im Grill mit geschlossenem Deckel bei circa 180 °C indirekt circa 45 Minuten garen. Auskühlen lassen, pellen und mit einer Gabel klein drücken.

2. Butter mit einem Handrührgerät schaumig aufschlagen, nacheinander die Eier dazugeben und weiterschlagen. Salzen, pfeffern, Paprikapulver und Majoran dazu, dann die Süßkartoffel, Mehl und Backpulver dazugeben und mit etwas Milch zu einem homogenen Teig verarbeiten. Der Teig sollte nicht zu flüssig sein. Vorgeheiztes gusseisernes Waffeleisen mit etwas Olivenöl bepinseln und nacheinander 2 Doppelwaffeln backen und auf dem Grill warm halten.

3. Hüftsteaks mit Salz und Pfeffer würzen, mit Olivenöl bepinseln und auf dem Grill medium grillen. Dies dauert je nach Hitze 8–12 Minuten. Bacon mit auf den Grill geben und knusprig grillen. Cheddar-Käse auf die Steaks verteilen und kurz anschmelzen lassen.

4. Doppelwaffeln in der Mitte teilen. Die Hälfte der Texas-Ranch-BBQ-Sauce auf die Waffeln verstreichen. Steaks in dünne Streifen schneiden und auf die Waffeln verteilen. Mit je 2 Scheiben Bacon und der restlichen BBQ-Sauce toppen und genießen.

Come on and get it!

Zubereitungszeit:	30 Minuten + 45 Minuten Garzeit für die Süßkartoffeln
Du brauchst:	Grilltaugliches belgisches Waffeleisen, Alufolie
Beer:	Strong Ale
Wine:	Wild White West, Soave
Whiskey:	Bulleit Rye Whiskey

SOUNDTRACK ZUM GRILLEN

The BossHoss:
Sugarman

Edwyn Collins:
A Girl Like You

SHUT UP 'N PLAY YER GUITAR

Stefan »Russ T. Rocket« Bühler ist seit 2007 Leadgitarrist bei The BossHoss und hat seitdem bei keinem Konzert gefehlt. Also fast ...

ON MY KNEES

Ich war als Bandmitglied bei The BossHoss noch keinen Tag krank ... Haha, schön wär's. Allerdings bin ich nie wegen Grippe oder Erkältung ausgefallen, sondern stilecht wegen eines Bühnenunfalls. Ich habe mir tatsächlich eine Kniescheibe gebrochen. Wenn ich mich recht erinnere, war das in Bayern, in Erding. Im Eifer des Gefechts bin ich von der Bühne gesprungen, habe vorher irgendwas

Verrücktes gemacht – ich glaube, es war ein Gitarrensolo hinterm Kopf – und bin runter in den Graben vor der Bühne. Allerdings eher gefallen als gesprungen. Mein Knie landete voll auf einer Kante des Absperrgitters. Resultat: Kniescheibe entzwei! Zum Glück passierte das beim letzten Lied. Das Konzert war dann aber definitiv für mich beendet. Das war irgendwann im Winter, also standen da nicht viele Konzerte an.

Ich hatte eine OP und dachte, das wird bald wieder gut. Ziemlich schnell war ich der Meinung, es geht schon

wieder mit den Cowboystiefeln. Ich habe auf der Tour die Beinschiene abgenommen, weil es uncool aussah, und fühlte mich schon wieder sicher. Dann waren wir nach einer Show in irgendeinem Club und kaum sind wir draußen, rutsche ich auf dem nassen Kopfsteinpflaster mit den Stiefeln aus und die Kniescheibe war wieder hinüber. Ich glaube, das war ebenfalls in Bayern, wo auch sonst? Sonst habe ich nie gefehlt bei The BossHoss und ich glaube, auch nur Alec war einmal ohne Stimme und Sascha musste das Singen komplett übernehmen.

INNEHALTEN

Musik bestimmt mein ganzes Leben, seit ich ein Teenager bin, ohne Pause. Ich mache einfach nichts anderes. Und plötzlich waren wir alle im Corona-Lockdown zu einer langen Zwangspause verdonnert. Wir hatten ein letztes Konzert in einem Club in Berlin und das war's dann für lange Zeit. Wenn man da jetzt mal all das Negative ausblendet, was diese Pause für viele bedeutete, bot sie mir auch die Möglichkeit, mich mal in Ruhe mit mir selbst auseinanderzusetzen, ein bisschen mein Leben umzustellen nach den wilden Jugendjahren, die sich irgendwie immer fortgesetzt hatten. Ich habe gemerkt, dass es bei mir Zeit für einen neuen Abschnitt war. Viele Musiker oder Rockstars

Zusammen mit Sophie in der Hotellobby in Montreal mit unseren Rock-'n'-Roll-Buddies Jesse Hughes von Eagles of Death Metal und Jim Kelleher, dem Bassisten von 30 Seconds to Mars.

Am Flughafen Sydney auf dem Weg zur nächsten Show auf dem Soundwave 2014.

machen eine typische Karriere: die jungen Jahre, wo alles geht, dann rast die Zeit weiter und man meint, immer noch jung zu sein. Diesen jugendlichen Habitus oder Lifestyle schleppt man als Musiker manchmal noch 20 Jahre lang durch. Das geht ganz gut, denn man hat ja immer sein Musikerumfeld, da ist immer ein bisschen Party, da kann man lange aufbleiben, weil man eben nicht um acht Uhr im Büro antanzen muss, womöglich noch im Anzug. Man hat irgendwie jede Men-

ge Freizeit und das Gefühl, dass die Jugend ewig währt. Aber natürlich ist man älter geworden und muss dann irgendwann sagen: Okay, jetzt müssen wir mal ein bisschen umstellen, gedanklich und auch gesundheitlich. Ich lebe jetzt gesünder, trinke seit Jahren keinen Alkohol mehr, achte mehr auf mich. Dieser Break war ganz gut für mich, da war ich mal raus aus diesem ganzen Zirkus, es war nicht mehr ständig irgendwas los oder irgendwer wollte was von mir. Ich kam aus einigen alten Gewohnheiten raus und hatte Zeit, mal runterzufahren, abzuschalten, zu reflektieren, meinen Lebensstil umzustellen mit Sport, Ernährung, aber eben auch mich mal mental zu sortieren.

OFFENER UND ENTSPANNTER

Ich kam ein bisschen zur Ruhe und konnte wirklich mal was anderes machen, ohne dass ich das Gefühl hatte, etwas zu verpassen. Ich befasste mich viel mit meinem technischen Kram bei mir zu Hause im Studio, investier-

te und kaufte Sachen und probierte sie aus: Gitarren, Studiotechnik, Equipment. Endlich war mal Zeit dafür. Ich habe natürlich auch über die Band nachgedacht. Das ging ja alles immer in Riesenschritten vorwärts und irgendwann war man dann plötzlich nicht mehr 25.

Heute ist mir auch die Perspektive auf das Morgen wichtig. Meine ganze Identität beruht darauf, Musiker zu sein und live in einer Rockband zu spielen. Das mache ich schon immer und das möchte ich auch noch in den nächsten Jahrzehnten machen. In der langen Pause habe ich begriffen, was mir wirklich wichtig ist als Musiker: in dieser Band zu spielen. Ich denke, das haben wir alle kapiert. Wenn etwas fehlt, merkt man manchmal erst, welch große Bedeutung es für einen hat. Ich habe heute das Gefühl, dass wir alle offener, positiver und entspannter geworden sind. Früher gab es auch mal Spannungen, Konflikte, Ego-Themen – die Sachen eben, die jeder in einer langen oder engen Beziehung kennt, wenn man ständig aufeinanderhängt. Heute freuen wir uns alle, dass wir als Band zusammen sind und dass uns die Leute weiterhin sehen und hören wollen.

KLASSENFAHRT

Und klar, man guckt auch ein bisschen zurück und überlegt: Was waren denn die Highlights? Dazu gehören definitiv unsere Auslandsaufenthalte mit der Band. Ganz groß war Australien. Mit diesen vielen unglaublichen Bands zusammen auf Tour zu sein, war ein besonderes Erlebnis. Das Soundwave Festival 2014 machte Stationen in Brisbane, Sydney, Melbourne, Adelaide und Perth. Und das alles mit einem Riesen-Line-up: Placebo, Filter, Rob Zombie, Green Day, Alice in Chains, Walking Papers, Korn, Biffy Clyro, Eagles of Death Metal, Living Colour. Das war verglichen mit unseren anderen Auslands-Gigs kein Solotrip, sondern

wie eine große Klassenfahrt. Wir haben uns natürlich auch ein bisschen mit anderen Musikern angefreundet und zusammen Zeit an der Hotelbar verbracht, etwa mit Jesse von den Eagles of Death Metal. Und auf den Festivals war immer genug Zeit, dass wir uns auch andere Bands anschauen konnten. Beim Konzert in Adelaide war der Backstagebereich im ältesten Gefängnis von Australien, dem Adelaide Gaol. Die Garderoben der Bands waren in den ehemaligen Gefängniszellen, ein echt schräges Szenario. Unvergessen auch, wie alle Musiker für eine Flugstrecke zusammen in einer extra gecharterten Boeing zum nächsten Auftritt flogen. Das war sehr lustig. Irgendwer hat plötzlich angefangen, »Bohemian Rhapsody« von Queen zu singen. Das ging wie ein Lauffeuer durchs

Flugzeug und plötzlich waren alle dabei, haben alle Instrumente und Soli nachgemacht, das Schlagzeug, alle Mamamias und Galileo-Galileos gesungen. Es klang absolut unglaublich. Alle konnten den Song komplett auswendig.

Was mir von diesem Trip auch noch in Erinnerung geblieben ist und mich bis heute nachdenklich macht, war unser Rückflug. Nach den gut zwei Wochen ging es wieder nach Hause, der letzte Gig war in Perth. Wir sind zuerst von der Westküste zurück nach Sydney geflogen und von dort weiter nach Kuala Lumpur. Von dort hatten wir einen Flug nach Frankfurt und weiter nach Berlin. In Kuala Lumpur standen wir um Mitternacht am 8. März 2014 am Gate an und neben uns war noch eine Schlange. Die Leute am Nachbargate wollten nach Peking.

High energy! Live on stage 2014.

Immer auf den Punkt! Live on stage 2013.

Ihr Flieger hatte die Nummer MH 370. Das Flugzeug ging ungefähr eine halbe Stunde später als unseres. Wir starteten um Mitternacht und flogen nach Frankfurt. Dass das andere Flugzeug kurz nach dem Abflug über dem Meer vom Radar verschwand, hatten wir nicht mitbekommen, die Leute, die auf unsere Ankunft warteten, allerdings schon. Unsere Familien dachten teilweise, unser Flieger wäre abgestürzt. Wir waren echt geschockt. Das waren die Leute, die neben uns in der Schlange standen!

AUF DEN PUNKT

Wenn wir auf einem Festival sind oder mit anderen Bands spielen oder wenn ich privat auf Konzerte gehe, schaue ich schon immer genau hin: Was machen die, wie machen sie das? Und eine ganz einfache Botschaft habe ich immer mitgenommen: Es gibt kei-nen, der wirklich erfolgreich ist, der nicht hart arbeitet oder das irgendwie so nebenbei macht. Es geht darum, jedes Mal auf der Büh-ne voll auf den Punkt zu sein und jede oder jeder in einer Band muss das sehr ernst nehmen. Wenn ich jetzt daran denke, welche Performance und Energie ich bei ameri-kanischen Bands wie Korn gese-hen habe, dann weiß ich, wie viel man da geben kann. Das wollen auch wir als Band. Die Message für mich lautet: Wenn du dich anstrengst und lieferst, kannst du auch in einer Band 20 Jahre oder länger bestehen. Du musst immer versuchen, die bestmögliche Live-show zu liefern, dem Publikum wirk-lich ein echtes Liveerlebnis zu bieten. Bei unseren Konzerten begegnen sich Fans verschiedenster Musikstile und ganz unterschiedliche Altersgruppen. Kürzlich war auf einem unserer Kon-zerte meine Freundin dabei, die hatte ihren Bruder und ein paar Freunde und Bekannte im Schlepptau, die sonst eher Metal hören. Da waren Leute dabei, die uns noch nie gehört haben und dann auch noch ihre Kids. Und alle hatten Spaß. Dieser gemeinsame Livemoment ist das, was für viele Leute einen richtig guten Abend ausmacht. Das immer weiterzuentwickeln, darin sehe ich als Musiker und wir alle in der Band unseren Auftrag.

FISH-KOKODA NORTH AMERICAN STYLE
Fish-Kokoda mit Mango und Kokosmilch

Kokoda kommt eigentlich von den Fidschi-Inseln und besteht aus heimischem rohem Fisch in Kokosmilch. Wir nehmen in unserer amerikanischen Variante Lachs und grillen ihn kurz an. Dieser Kokoda ist wirklich besonders durch seine Süße, Schärfe, Röstaromen und die Spur Exotik.

Für das Kokoda
- 1 rote Zwiebel
- 1 reife Mango
- ¼ Gurke
- 1 rote Chilischote
- 400 ml Kokosmilch
- 1 EL gelbe Currypaste
- Salz
- frisch gemahlener schwarzer Pfeffer
- Saft von 1 Limette
- 600 g Lachsfilet
- Olivenöl
- 1 Limette, in Schnitze geschnitten
- etwas Koriander (optional)

1. Zwiebel und Mango schälen und würfeln. Gurke vierteln, entkernen und in feine Scheiben schneiden. Chili halbieren, entkernen und in feine Ringe schneiden.

2. Kokosmilch mit der Currypaste mit einem Pürierstab aufmixen und mit Salz, Pfeffer und dem Limettensaft abschmecken.

3. Lachsfilet in 1,5 cm große Würfel schneiden, salzen, pfeffern und mit Olivenöl in einer vorgeheizten gusseisernen Pfanne 3–4 Minuten stark anbraten. Lachswürfel dann sofort auf die 4 parat gestellten kleinen Bowls verteilen, Zwiebeln, Mango, Gurke und Chili dazugeben und mit Kokosmilch aufgießen. Mit den Limettenschnitzen lauwarm servieren.

Tipp: Wer mag, streut sich noch Koriander über sein Kokoda.

Come on and get it!

Zubereitungszeit:	25 Minuten
Du brauchst:	Einen Pürierstab, grilltaugliche Pfanne
Beer:	Witbier oder Thai-Bier
Wine:	Western White, Muscadet sur Lie
Whiskey:	Laphroaig Lore Wiskey

SOUNDTRACK ZUM GRILLEN

The BossHoss:
Cook It Up

The Black Keys:
Fever

ORANGE TUNA BANG-BANG STYLE

Tuna and Clementines mit Bang-Bang-Sauce

Die Bang-Bang-Sauce stammt ursprünglich von den asiatischen Night Markets und macht zum Thunfisch einen guten Job.

Für die Clementinen

- 6 Bio-Clementinen, zur Saison auch Nektarinen oder Pfirsich
- 2 rote Zwiebeln
- 200 g bunte Kirschtomaten
- Salz
- frisch gemahlener schwarzer Pfeffer
- Olivenöl

Für die Bang-Bang-Sauce

- 4 EL Mayonnaise
- 1 TL Sriracha-Sauce
- Salz
- frisch gemahlener schwarzer Pfeffer

Für den Thunfisch

- 4 Thunfischsteaks à 200 g
- Salz
- frisch gemahlener schwarzer Pfeffer
- Olivenöl

Außerdem

- etwas frischer Koriander

1. Clementinen mit der Schale halbieren. Zwiebeln schälen, fein würfeln. Kirschtomaten vierteln. Zwiebeln und Tomaten vermischen, mit Salz, Pfeffer und Olivenöl abschmecken.

2. Mayonnaise mit Sriracha-Sauce verrühren, eventuell etwas salzen und pfeffern.

3. Thunfischsteaks salzen, pfeffern und mit Olivenöl bepinseln. Clementinenhälften von beiden Seiten so lange grillen, bis sie ein Grillmuster haben, das dauert circa 5 Minuten, je nach Hitze. Thunfischsteaks auf dem Grill nur von einer Seite richtig heiß angrillen, nicht durchgaren, denn sonst wird der Fisch trocken.

4. Die gegrillten Thunfischsteaks auf 4 Tellern anrichten, jeweils 3 Clementinenhälften dazugeben, die Tomaten-Zwiebel-Mischung darüber verteilen und zuletzt mit der Bang-Bang-Sauce toppen.

Tipp: Wer mag, streut noch frischen Koriander über sein Essen.

Come on and get it!

Zubereitungszeit:	25 Minuten
Beer:	Märzen
Wine:	Wild White West, Deutscher Weißburgunder
Whiskey:	Lagavulin Islay Single Malt Scotch Whisky

The BossHoss:
Upside Down

Monster Truck:
Don't Tell Me How To Live

Rumble at Waikiki

SURF AND TURF SWEET & HOT

Chorizo und Baby-Oktopus am Spieß
mit süß-scharfer BBQ-Sauce

So kann Surf and Turf auch gehen.

Für die Spieße

- 3–4 Zwiebeln
- 24 Chorizo-Scheiben
- 24 Stück Baby-Oktopus
- Olivenöl
- Salz
- frisch gemahlener schwarzer Pfeffer
- 1 Zitrone, in Schnitze geschnitten

Für die BBQ-Sauce

- 4 EL BBQ-Sauce nach Gusto
- 1 EL Ahornsirup oder Honig
- 1 TL Sambal Oelek
- Salz
- frisch gemahlener schwarzer Pfeffer

1. Zwiebeln schälen, vierteln und in einzelne Segmente teilen. Wenn nicht anders vorhanden, Chorizo in dicke Scheiben schneiden. Vorher die Pelle entfernen. Zwiebeln, Oktopus und Chorizo abwechselnd auf lange Spieße stecken. Die Spieße mit Olivenöl bepinseln, salzen und pfeffern.

2. Alle Zutaten für die süß-scharfe BBQ-Sauce miteinander verrühren und mit Salz und Pfeffer abschmecken.

3. Spieße auf dem Grill von allen Seiten knusprig grillen, dies dauert je nach Hitze 5–10 Minuten. Spieße auf Tellern anrichten und mit etwas BBQ-Sauce beträufeln. Zitronenecken und die restliche Sauce dazu servieren.

Tipp: Dazu passen ein Salat eurer Wahl und Baguette.

Come on and get it!

Zubereitungszeit:	30–35 Minuten
Du brauchst:	8 ca. 20 cm lange grilltaugliche Spieße
Beer:	West Coast IPA
Wine:	Wild White West, Sauvignon Blanc ohne Barrique
Whiskey:	Arran Single Malt Scotch Whisky Cask Finish Port finish

The BossHoss:
Good Cooking

Link Wray:
Rumble

I'm coming Home

BBQ-POTATO-MUFFINS

Shepherd's-Pie-Muffins vom Grill

Dank der schottisch-britischen Einwanderer fand diese Köstlichkeit ihren Weg auch in die USA. Für die Grillvariante sparen wir uns das Pürieren und geben Kartoffeln in Würfeln in die Muffinform.

Für die Füllung
- 500 g festkochende Kartoffeln
- Salz
- 1 Zwiebel
- 2 Knoblauchzehen
- 600 g Lammhack (alternativ: Rinderhack)
- Olivenöl
- frisch gemahlener schwarzer Pfeffer
- 1 TL Paprikapulver
- 1 EL Tomatenmark
- 100 g TK-Erbsen
- frisch geriebene Muskatnuss

Für die Muffins
- 2 EL Butter + etwas mehr zum Buttern der Muffinform und des Filoteigs
- 5 Filoteig-Blätter
- 50 g Parmesan

1. Kartoffeln schälen, fein würfeln und in gesalzenem Wasser in einem gusseisernen Topf auf dem Grill circa 10 Minuten vorgaren. Dann abschütten. Zwiebel und Knoblauch schälen, fein würfeln. Lammhack in einer vorgeheizten gusseisernen Pfanne in Olivenöl krümelig anbraten. Mit Salz, Pfeffer, Paprikapulver und Tomatenmark kräftig würzen. Erbsen dazugeben und 2–3 Minuten unter Rühren anbraten. Mit Muskatnuss abschmecken und auskühlen lassen.

2. Butter in einem kleinen grilltauglichen Topf auf dem Grill auslassen. Mit der restlichen Butter die gusseiserne Muffinform fetten. Die Filoteig-Blätter mit Butter bepinseln, übereinanderlegen und in 12 × 12 cm große Quadrate schneiden. Die Muffinformen damit auskleiden.

3. Kartoffelwürfel zum Hackfleisch-Erbsen-Gemisch geben und alles auf der 12er-Muffinform und dem Filoteig verteilen. Parmesan fein darüberreiben und die Teigecken zur Mitte hin einklappen.

4. Muffins auf dem Grill mit geschlossenem Deckel bei circa 200 °C indirekt backen. Dies dauert circa 40 Minuten. Dabei aufpassen, dass die Spitzen nicht zu dunkel werden. Die Shepherd's-Pie-Muffins 5 Minuten ruhen lassen, dann genießen.

Tipp: Ein Klecks saure Sahne zum Muffin bring etwas Frische. Wenn du nur 6 Muffins backen möchtest, halbiere die Mengen der einzelnen Zutaten. Du musst nur trotzdem 5 Filoteig-Blätter übereinanderlegen.

Come on and get it!

Zubereitungszeit:	35–40 Minuten + 40 Minuten Backzeit + 5 Minuten Ruhezeit
Du brauchst:	Eine 12er- oder 6er-Muffinform aus Gusseisen und zwei grilltaugliche Töpfe und eine grilltaugliche Pfanne
Beer:	Guinness
Wine:	Country Red, Rotwein aus dem Priorat
Whiskey:	Arran Barrel Reserve – Single Malt Scotch Whisky

SOUNDTRACK ZUM GRILLEN

The BossHoss:
I'm Coming Home

Hot Boogie Chillun:
I'm Coming Home

SMOKED TOFU & COWBOY-CANDY

Räuchertofu-Spieße mit Cowboy-Candy und Grilltomaten (vegan)

Wir finden, die Grilltomate hat eine Chance verdient.
Vor allem wenn sie mit kandierten Jalapeños daherkommt.

Für die Spieße
- 4 Zwiebeln
- 2–3 rote Spitzpaprika
- 500 g Räuchertofu
- Salz
- frisch gemahlener schwarzer Pfeffer
- Olivenöl
- 4 EL Cowboy-Candy (Rezept Seite 166)

Für die Grilltomaten
- 4 große Tomaten
- Salz
- frisch gemahlener schwarzer Pfeffer
- Cayennepfeffer
- Olivenöl
- 4 EL veganer Reibekäse
- 4 Prisen Zimt

1. Zwiebeln schälen, vierteln und in Segmente teilen. Spitzpaprika halbieren, entkernen und in grobe Stücke schneiden. Tofu in 2 cm große Stücke schneiden. Alles abwechselnd auf 8 Spieße stecken, mit Salz und Pfeffer würzen und mit Olivenöl bestreichen.

2. Stielansatz der Tomaten entfernen und ein Kreuz in jede Tomate schneiden. Tomaten mit Salz, Pfeffer und Cayennepfeffer würzen, mit Olivenöl bepinseln, Reibekäse darüberstreuen und in einer kleinen gusseisernen Pfanne mit geschlossenem Deckel indirekt bei 180 °C circa 10 Minuten garen.

3. Deckel öffnen und die Spieße direkt kross grillen. Spieße auf Tellern mit je 1 Grilltomate anrichten. Tomaten mit je 1 Prise Zimt verfeinern und mit Cowboy-Candy servieren.

Zubereitungszeit:	25–30 Minuten
Du brauchst:	8 grilltaugliche Spieße, 20 cm lang, eine kleine grilltaugliche Pfanne, einen Universalzerkleinerer oder einen Mörser
Beer:	Gose
Wine:	Wanted Red or Alive, Primitivo
Whiskey:	The Balvenie Double Wood Aged 12 Years

SOUNDTRACK ZUM GRILLEN

The BossHoss:
Never Say Never

Elvis Presley:
It's Now or Never

S*U*N*S*E*T

DINNER

WE BURN DAYLIGHT

SMOKED FLANKSTEAK SOUTHERN STYLE

FLANKSTEAK MIT SOUTHERN COFFEE RUB UND CHICORÉESALAT

Ein gutes Stück Fleisch, ein paar Räucherchips und ein Kugelgrill, und jeder kann mit dem Smoken durchstarten: ein cooler Rub und ein sexy Salat, fertig.

Für den Southern Coffee Rub

- 1 TL Salz
- 1 TL frisch gemahlener schwarzer Pfeffer
- 2 TL Paprika-Rubino-Pulver
- 2 TL brauner Rohrzucker
- 3 TL Kaffeebohnen, feinst gemahlen, z. B. in einem Universalzerkleinerer
- 1 TL Knoblauchpulver
- 1 TL getrockneter Oregano

Für den Chicoréesalat

- 1 Zwiebel
- 20 Physalis, zur Saison auch gerne Kirschen
- 4 Köpfe Chicorée
- Salz
- frisch gemahlener schwarzer Pfeffer
- Saft von 2 Zitronen
- Olivenöl
- einige Basilikumblätter

Für das Flanksteak

- 800 g Flanksteak
- 1 Handvoll Räucherchips nach Gusto, z. B. Kirsche
- Olivenöl

1. Für den Rub alle Zutaten gründlich vermischen. Das Flanksteak von beiden Seiten damit einreiben und zum Marinieren mindestens für 4 Stunden abgedeckt in den Kühlschrank stellen. 1 Stunde vor dem Garen aus dem Kühlschrank nehmen.

2. Zwiebel schälen, in Streifen schneiden. Von der Physalis die Papierhülle entfernen und halbieren. Chicorée halbieren und in grobe Stücke schneiden. Zwiebeln und Physalis dazugeben, mit Salz, Pfeffer, Zitronensaft und Olivenöl abschmecken. Gezupfte Basilikumblätter unterheben.

3. Flanksteak für 2–3 Minuten direkt von beiden Seiten angrillen. Dann indirekt mit geschlossenem Deckel bei circa 180 °C 5–8 Minuten sanft garen. Dabei die in Wasser eingeweichten Räucherchips dazugeben und dem Steak eine milde Rauchnote verpassen. Danach 10 Minuten ruhen lassen.

4. Flanksteak mit Olivenöl beträufeln, in dünne Streifen schneiden und mit dem Chicoréesalat servieren.

Come on and get it!

Zubereitungszeit:	20 Minuten + mindestens 4 Stunden Marinierzeit
Beer:	Porter
Wine:	Country Red, Malbec
Whiskey:	Talisker Storm Single Malt Scotch Whisky

The BossHoss:
Black Is Beautiful

AC/DC:
If You Want Blood (You've Got It)

S·U·N·S·E·T

Set Me On Fire

STEAK
»MUCHA SUERTE«
& HOT TEQUILA-MAYO

SCHWEINENACKENSTEAK MIT SCHARFER TEQUILA-MAYONNAISE

So holt man ein Schweinenackensteak in den BBQ-Olymp.

Für die scharfe Tequila-Mayonnaise

- 5 EL Mayonnaise
- 2 EL Tequila
- 1 TL Senf
- 1 TL Sambal Oelek
- Saft von 1 Limette
- Salz
- frisch gemahlener schwarzer Pfeffer

Für das Topping

- 2 rote Zwiebeln
- 2 Avocados
- Saft von 1 Limette
- Salz
- frisch gemahlener schwarzer Pfeffer
- Olivenöl
- 1 Bund Koriander
- 100 g Erdnüsse, gesalzen und geröstet

Für das Nackensteak

- 4 Steaks à 200
- Salz
- frisch gemahlener schwarzer Pfeffer
- Olivenöl
- 1 Limette

1. Mayonnaise mit Tequila, Senf, Sambal Oelek und Limettensaft verrühren. Mit Salz und Pfeffer abschmecken.

2. Zwiebeln schälen und in feine Streifen schneiden. Avocados halbieren, entkernen und das Fruchtfleisch mit einem Löffel herausholen. Fruchtfleisch klein würfeln. Zwiebeln dazugeben und mit Limettensaft, Salz, Pfeffer und Olivenöl abschmecken. Korianderblättchen abzupfen und unterrühren.

3. Schweinenackensteaks mit Salz und Pfeffer würzen. Mit Olivenöl bepinseln und auf dem Grill von beiden Seiten je nach Hitze circa 8–10 Minuten direkt grillen.

4. Schweinenackensteaks auf 4 Teller geben, die Zwiebel-Avocado-Mischung auf die Steaks verteilen und mit Erdnüssen und der scharfen Mayonnaise getoppt servieren. Je 1 Limettenschnitz dazu servieren.

Come on and get it!

Zubereitungszeit:	30 Minuten
Beer:	Mexikanisches Victoria Lager
Wine:	Wanted Red or Alive, Valpolicella
Whiskey:	Whisky J.P. Wiser's Triple Barrel Reserve

The BossHoss:
If You Want Blood (You've Got It)

Guana Batz:
I'm On Fire

S·U·N·S·E·T

A Little More More More

GLOSSY PORK ROAST

ROAST PORK MIT AHORNSIRUP-GLANZ UND GURKEN-RELISH

Der Schweinekamm Boston Butt ist ein ordentliches Stück Fleisch, das langsam im ganzen Stück auf dem Grill gegart wird.

Für den Schweinekamm

- 3–3,5 kg Schweinekamm Boston Butt mit Schulterknochen
- 6 EL Magic Dust Rub (Rezept Seite 161)
- 150 ml Ahornsirup
- 50 ml Sojasauce

Für das saure Gurken-Relish

- 3 Zwiebeln
- 500 g Gewürzgurken
- Olivenöl
- 3 TL Senfkörner
- frisch gemahlener schwarzer Pfeffer
- 2 TL Zucker
- 2 TL getrockneter Dill
- Salz
- 200 ml Gurkenwasser

1. Schweinekamm kräftig mit dem Rub einreiben, dann für mindestens 4 Stunden abgedeckt im Kühlschrank marinieren. 1 Stunde vor dem Grillen aus dem Kühlschrank holen.

2. In dieser Zeit Zwiebeln schälen und mit den Gewürzgurken fein würfeln. Zwiebeln in einem kleinen grilltauglichen Topf in Olivenöl farblos andünsten. Gurken, Senf, Pfeffer, Zucker, Dill, Salz und 200 ml Gurkenwasser dazugeben und so lange kochen, bis die Flüssigkeit fast verkocht ist. Umfüllen und abkühlen lassen.

3. Ahornsirup und Sojasauce vermischen und einmal aufkochen lassen. Schweinekamm auf dem Grill bei circa 160 °C 4–4,5 Stunden indirekt mit geschlossenem Deckel garen. Dabei den Braten für die letzte Stunde in eine grilltaugliche Auflaufform geben und immer wieder mit der Ahornsirup-Sojasaucen-Mischung bepinseln.

4. Schweinekamm aufschneiden, auf einer Platte anrichten, mit dem Bratenfond beträufeln und das Relish dazu servieren.

Tipp: Dazu passen Salat und Baguette.

Come on and get it!

Zubereitungszeit:	15 Minuten + 4 Stunden Marinierzeit + 4,5 Stunden Grillzeit
Du brauchst:	Einen grilltauglichen kleinen Topf und eine grilltaugliche Auflaufform und eine große Platte

Beer:	Kanadisches Ahornbier
Wine:	Wanted Red or Alive, Barbara d'Asti
Whiskey:	Canadian Club Whisky Aged 12 Years

The BossHoss:
A Little More More More

Turbonegro:
Get It on

PORK BELLY & BLACK TIGER PRAWNS

SCHWEINEBAUCH MIT BLACK-TIGER-GARNELEN UND PAPAYASALAT

Schnell gemacht, simpel und exotisch-köstlich.
Die Kansas-Style-BBQ-Sauce bringt den extra Kick.

Für den Papayasalat

- 2 rote Zwiebeln
- 500 g Papaya
- Saft von 2 Limetten
- 1 Handvoll bunte Salatblätter nach Gusto
- Salz
- frisch gemahlener schwarzer Pfeffer
- Olivenöl
- 1 Bund Minze

Für den Schweinebauch mit Black-Tiger-Garnelen

- 2 Knoblauchzehen
- einige Zweige Thymian
- Olivenöl
- 800 g Schweinebauch mit Schwarte, ohne Knochen
- Salz
- frisch gemahlener schwarzer Pfeffer
- 6 EL Kansas-Style-BBQ-Sauce (Rezept Seite 164)
- 8 Black-Tiger-Garnelen, roh mit Schale und Kopf
- 1 Limette, in Schnitze geschnitten

1. Zwiebeln schälen und in feine Streifen schneiden. Papaya schälen, halbieren, entkernen und würfeln. Zwiebeln, Papaya, Limettensaft und Salatblätter vorsichtig vermischen, mit Salz, Pfeffer und Olivenöl abschmecken, dann abgezupfte Minzblätter unterheben.

2. Knoblauch schälen, fein hacken und mit Thymianblättchen und Olivenöl vermischen. Schweinebauch in 3 cm dicke Scheiben schneiden, salzen, pfeffern und auf dem Grill bei 180°C mit geschlossenem Deckel circa 45 Minuten indirekt garen. In dieser Zeit 2–3-mal mit Kansas-Style-BBQ-Sauce bepinseln. Für die letzten 5–10 Minuten den Bauch in die direkte Hitze ziehen und anknuspern.

3. 10 Minuten vor Garende die Garnelen mit auf den Grill legen und mit etwas Knoblauchöl bepinseln. Vorsicht vor Fettbrand! Schweinebauch mit den Garnelen, der restlichen BBQ-Sauce, Salat und Limettenschnitzen servieren.

Come on and get it!

Zubereitungszeit:	60 Minuten
Beer:	Mexikanisches DOS Equis Lager
Wine:	Wild White West, Riesling, Cabernet Franc
Whiskey:	Peg Leg Porker Tennessee Straight Bourbon

The BossHoss:
Best Friends Forever

Vintage Trouble:
Knock Me Out

HEALTHY CARMEL-BY-THE-SEA-SALAD CLINT EASTWOOD STYLE

SALAT MIT BABYMÖHREN, AVOCADO, FRÜCHTEN UND NÜSSEN (VEGAN)

Clint Eastwood ist nicht nur erfolgreicher Schauspieler, Regisseur und Sänger, sondern er war auch vier Jahre Bürgermeister in seiner Heimatstadt Carmel-by-the-Sea. Heute lebt er als überzeugter Vegetarier und hält sich mit Sport fit.

Für den Salat
- 800 g bunte Babymöhren
- Olivenöl
- Salz
- frisch gemahlener schwarzer Pfeffer
- 1 Romanasalat
- 2 Avocados
- Saft von 1 Limette
- 250 g Brombeeren
- 2 rote Zwiebeln
- 100 g Haselnüsse, grob gehackt
- Kresse nach Gusto

Für das Tigermilch-Dressing
- 2–3 rote Chilischoten
- 150 ml Kokosmilch
- Salz
- frisch gemahlener schwarzer Pfeffer
- Saft von 3 Limetten
- 1 EL Sojasauce
- Olivenöl

1. Möhren schälen, mit Olivenöl bepinseln und auf dem Grill so lange indirekt grillen, bis sie weich sind, aber noch Biss haben. Das dauert je nach Hitze circa 15 Minuten. Möhren salzen und pfeffern.

2. Romanasalat in mundgerechte Stücke schneiden. Avocados halbieren, entkernen, mit einem Löffel das Fruchtfleisch herausholen, würfeln und mit Limettensaft beträufeln. Avocado, Salat, Brombeeren und Möhren leicht vermischen und auf 4 Tellern verteilen. Zwiebeln schälen, in Ringe schneiden und die Portionen damit toppen.

3. Chili halbieren, entkernen und fein würfeln. Alle Zutaten für das Dressing miteinander verrühren. Das Dressing über den Salat träufeln und mit Haselnüssen und Kresse garniert servieren.

Zubereitungszeit:	30 Minuten
Du brauchst:	Grilltaugliche Pfanne
Beer:	Pils
Wine:	Wild White West, Silvaner
Whiskey:	Aberlour Whisky

The BossHoss:
Vintage Trouble – Knock Me Out

G. Love & Special Sauce:
Rodeo Clowns

 # GET INTO THE GROOVE

Ansgar »Sir Frank Doe« Freyberg ist der Drummer von The BossHoss. Wenn der überzeugte Veganer nicht gerade mit seiner Frau Kochbücher schreibt oder im Treppenhaus Bier braut, ist er für den Rhythmus der Band zuständig. Seit Tag eins schon.

AN JEDER STECKDOSE

Vor 20 Jahren gründeten Sascha, Tobi und ich zusammen in Berlin ein Studio, das es bis heute gibt. Wir bauten das ein paar Monate lang aus und in dieser Zeit hatte Sascha mit Alec schon erste Songs am Start, die sie auf Saschas Dachboden vorproduziert hatten. Da wir nun endlich ein richtiges Studio hatten, wollten wir groß loslegen und zur Eröffnungsparty irgendein Projekt von uns live auf die Bühne bringen. Das war die

Geburtsstunde von The BossHoss. Damals hatten wir noch kein Management. Und auch noch keinen Plattenvertrag, aber nach den ersten erfolgreichen Konzerten ging auf einmal alles ganz schnell. Innerhalb von ein paar Wochen lag ein Managementvertrag vor, ein Bookingvertrag folgte und im Herbst hatten wir tatsächlich einen Plattenvertrag in der Tasche. Und schon waren wir 2005 auf unserer ersten Tour durch Deutschland. Wir saßen im Sprinter und spielten buchstäblich an jeder Steckdose. Wir haben selber den Transporter gefahren und hatten hinten unsere Backline drin, also Schlagzeug, Bass und Gitarren. Wir waren on the road, hör-

ten laut Musik und fuhren kreuz und quer durch Deutschland. Irgendwann nachmittags kamen wir beim Venue an, bauten schnell unser Zeugs auf, spielten, packten ein, feierten, schliefen ein paar Stunden – manchmal an fragwürdigen Orten – und mussten drei bis vier Stunden später wieder aufstehen, um zum nächsten Ort zu fahren. Eine krasse Zeit. Wir spielten im ersten Jahr fast 200 Konzerte.

Das erste Album kam im selben Jahr im Mai raus und bestand eigentlich eins zu eins aus den Produktionen, die unter Homerecording-Bedingungen von Saschas Dachboden entstanden waren. Maximal trashig und simpel, aber megaauthentisch.

PARTY-TIME!

Der Anfang war schon eine ganz schöne Ochsentour. Klar, wir spielten erstmal viel bei Stadtfestivals, wo immer genug Publikum war. Die Leute kamen ja nicht wegen uns. Aber es waren auch eigene Shows dabei, bei denen wir unser Publikum erst einmal erspielen mussten. Ich kann mich auch noch an die lustigste Pleite erinnern: unser erster größerer Auswärtstermin als Solo-Act im Schwimmbad Musikclub in Heidelberg. Da kamen zwei zahlende Gäste. Ein weiterer Gig, der für uns in die Geschichte einging, war eine Weihnachtsfeier eines eines namhaften Konsumgüterkonzerns. Da wurde uns mitten im Set der Strom ausgeschaltet. Das war schon hart. Sonst surften wir auf einer kleinen Erfolgswelle und hatten ziemlich schnell eigene Headlinershows.

In der Anfangszeit gab es einen ganz guten Werbedeal mit Langnese, für die wir »Like Ice in the Sunshine« gecovert hatten und somit in vielen Kinos zu hören waren. Das war jetzt nicht der megafette Deal, aber zumindest schon mal eine ganz gute Promo. Unsere erste Platte war fast schon ein Selbstläufer. Bevor sie veröffentlicht wurde, machten bereits die ersten Demoaufnahmen in Berlin die Runde. Ich erinnere mich gerne an das Gefühl, wenn man in irgendeine Bar kam, und da lief unsere Musik, obwohl die Platte noch gar nicht auf dem Markt war – ein Bootleg quasi. Boah, waren wir stolz. Wir merkten, dass unsere Musik eine Nische füllte. Die Leute sagten: Das finden wir cool, das ist geil, das ist was Besonderes. Und es passte in die Zeit, das Western-Ding war irgendwie Thema zu der Zeit – da gab es noch Projekte wie Dittsches Texas Lightning, was übrigens ein totaler Zufall war, dass die auch auf Country & Western machten, und lange mussten wir uns rechtfertigen, dass wir Dittsche nachmachen würden. Das war reiner Zufall! Nur war Dittsche damals schon durch Funk und Fernsehen bekannt und hatte natürlich eine viel größere Reichweite. Und dann gab es Sashas Dick Brave & The Backbeats, die ebenfalls durch Sasha beneidenswerte Aufmerksamkeit erhielten. Wir aber mussten uns jeden einzelnen Fan von Grund auf erspielen. Und wer hat sich letztendlich behauptet?

Aber auch in der Industrie wurde auf einmal das Cowboy-Thema ausgeschlachtet. So gab es plötzlich McCain Western Frites, als hätten wir es so bestellt. Wie von Geisterhand stand einfach alles auf »Go«. Es passte in die Zeit, was wir machten, und alle bekamen schon ein Grinsen im Gesicht, wenn wir total verkatert in Unterhemden und mit Hüten auf die Bühne kamen. Wir mussten gar nicht viel tun und der Funken sprang meist sofort über. Es gab ja auch viel zu gucken, wir waren immer sieben Leute, mit einem riesigen Schrank von Kontrabass auf der Bühne, dafür bestand das Drumset nur aus Snare Drum und Hi-Hat und zum Abrunden nicht, wie man denken würde, ein Country-typisches Banjo – nein, eine Mandoline! Nicht

In unserem ersten Nightliner hatten wir oben in der Lounge eine Lampe, über die wir alle BHs der Show hängten, die auf die Bühne flogen. Am Ende der Tour wuchs das Gebilde zu einem wahren BH-Baum heran.

Party-Time! Nein, das ist nicht nur ehrlicher Schweiß, ich bin auch klatschnass vom Bier, das mir unsere Bühnengäste bei »Word up« auf die Snare gießen.

zuletzt die beiden stilechten Sänger, die den Southern Slang extrem gut kopierten. Man nahm es uns jedenfalls ab, dass wir aus Texas kamen. Wenn man zum Beispiel im Laufe des Abends auf dem Weg zur Toilette angesprochen wurde, dann mit Sicherheit auf Englisch.

Nach einem Jahr kam für uns schon die nächste Zäsur: Wir spielten jetzt in »Tausender-Clubs«. So nennt man Veranstaltungsorte für 1000 Leute. Und wir konnten uns einen Nightliner leisten, also einen Band-Reisebus, in dem man schlafen kann. Das war wie eine Trophäe für uns; ein wahr gewordener Traum. Es hatte zur Folge, dass wir nicht mehr selber fahren und in irgendwelchen Dorfhotels schlafen mussten. Wir kamen also immer unbeschadet und pünktlich am nächsten Veranstaltungsort an. Wir hatten

jetzt auch einen Backliner, es gab eine örtliche Crew und wir mussten keine Verstärker oder Basstrommeln mehr schleppen. Wir hatten jetzt Leute um uns herum, die sich kümmerten, dass alles funktionierte.

HEADLINER-BAND

Diese ganze Support-Act-Arie, die andere Bands so durchmachen müssen, blieb uns zum Glück erspart. Das heißt, wir waren eigentlich von Anfang an schon eine Headliner-Band auch wenn es zunächst eher kleine Läden waren. Das haben wir auch unserem Management und unserer Booking-Agentur zu verdanken, die

an uns glaubten und auf die durchaus waghalsige Strategie setzten, von Anfang an eine eigene Tour zu versuchen. Im Gegensatz zu uns gehen viele Bands erst einmal als Support-Act einer anderen Band auf Tour, was je nach Publikum auch mal schwierig und undankbar sein kann.

Zusätzlich spielten wir weiterhin viel auf Festivals und Stadtfesten, wo natürlich immer ein bunter Mix an Bands auftrat. Ich erinnere mich daran, dass wir damals immer wieder auf dieselben Bands wie Mia oder Bosse trafen. Mit den Leuten von Bosse wurden wir irgendwann richtige Kumpels und jedes Festival wurde wie ein Klassentreffen gefeiert.

Zum Glück waren wir in unserer Anfangsphase noch recht wenig mit organisatorischen Dingen belastet. Wir waren nur auf Tour oder im Studio. Wir haben ja dann gleich das zweite Album geschrieben. Das ging alles sehr schnell und unkompliziert. Wir sind in die Sache richtig reingewachsen. Wir starteten mit dieser tollen Aufbruchsstimmung und erspielten uns von klein auf wirklich jeden Fan.

Davon zehren wir bis heute, auch wenn alles viel professioneller geworden ist, der Aufwand viel größer. Heute müssen wir einen gewissen Standard bedienen, von einer fetten Lightshow bis hin zu Pyrotechnik. Was uns immer wieder geerdet hat, waren unsere Gigs im Ausland, wo wir wieder in kleinen Clubs standen und ohne große Show auskommen mussten. Durch Saschas alte Band Hot Boogie Chillun und die Verwurzelung in der Rockabilly-Szene hatten wir einen guten Draht nach England. Dort spielten wir relativ oft, aber die Livebedingungen waren in England am härtesten. Das war immer richtig ernüchternd. Kein Catering, kleine abgewrackte Kellerclubs, teilweise kein Backstage, keine Gage. Die Engländer haben eine ganz andere Livekultur als wir: Da kann man als Band froh sein, überhaupt einen Slot in einem Club zu bekommen. Die ganze Woche über finden Konzerte statt – von irgendwem. Man geht nicht zwingend zu

November 2006: Das Schlagzeug bestand nicht mehr nur aus Snare und Hi-Hat, sondern hatte eine Bassdrum und ein Becken dazubekommen, Toms gab`s allerdings noch nicht …

einer bestimmten Band, sondern in einen angesagten Club und zieht sich irgendeine Live-Mucke rein. Aber die Party war immer legendär. Uns kannte ja kaum jemand, aber die Story der »German Cowboys« hat die Leute schon neugierig gemacht. Wir haben auch in Kanada, Australien, aber auch in halb Europa gespielt: Dänemark, Holland, Frankreich oder in Polen auf einem Riesenfestival. In Polen waren wir vor Manu Chao dran, der damals sehr angesagt war. Das sind unvergessliche Erinnerungen und Liveerlebnisse.

LIVE IS LIFE …

Das Livebusiness hat sich in den letzten Jahren stark verändert, sicherlich auch durch den Lockdown in der Coronazeit. Das Mittelfeld der Bands ist stark dezimiert, die Mega-Acts werden immer fetter und die teuren Tickets verkaufen sich im Sekundentakt. Klar, die Livekultur für die kleineren Bands wird nie verschwinden, aber manchmal denke ich schon rückblickend: Wäre so eine Karriere wie unsere heute noch einmal so möglich? Wir sind auf die altmodische Art und Weise groß geworden. Wir haben immer dieses stetige Wachstum gespürt, wir merkten, dass die Leute wiederkamen und es ihren Kumpels und Freundinnen weitererzählten. Uns kann es jedenfalls nicht so gehen wie einem Mega Act, der heute in den sozialen Medien durch die Decke geht und morgen schon wieder weg vom Fenster sein kann. Aber natürlich müssen auch wir schauen, wie wir am Ball bleiben. Allein zu sagen: »Qualität setzt sich durch«, reicht nicht. Man muss musikalisch und bei der Show immer andere Dinge ausprobieren, sich fragen: Was bieten wir Neues, wie weit gehen die Fans mit? Da hilft es uns, dass wir sehr nah an unserem Publikum dran sind, als Liveband, aber auch dank unseres Fanclubs. Der ist ein verlässlicher Seismograf dafür, was draußen los ist.

Die Beer-Snare gab es damals schon: 2008 im Londoner Club Borderline auf der Stallion-Battalion-Tour.

CHICKEN & PINK COCONUT

GEGRILLTES HÄHNCHENBRUSTFILET MIT PINK COCONUT COLE SLAW

Cole-Slaw-Salat in den verschiedensten Ausführungen ist in den USA sehr beliebt, seinen Ursprung hat er aber in Europa.

Für die gegrillten Hähnchenbrüste
- 4 Maishähnchenbrüste mit Haut
- 4 EL Magic-Dust-Rub (Rezept Seite 161)
- Olivenöl

Für den Pink Coconut Cole Slaw
- 2 rote Zwiebeln
- 2 Möhren
- 1 kleiner Rotkohl
- Salz
- frisch gemahlener schwarzer Pfeffer
- Olivenöl
- 200 ml Kokosmilch
- 1 Schuss Rotweinessig

Außerdem
- ½ Bund gehackte glatte Petersilie

1. Maishähnchenbrüste mit Magic Dust Rub einreiben und im Kühlschrank abgedeckt 4 Stunden marinieren lassen.

2. In dieser Zeit Zwiebeln und Möhren schälen, Zwiebeln in feine Streifen schneiden, Möhren in feine Stifte. Rotkohl vierteln und in feine Streifen hobeln. Zwiebeln, Möhren und Rotkohl vermischen. Salz, Pfeffer, Olivenöl, Kokosmilch und Essig dazugeben, gut durchkneten und 10 Minuten ziehen lassen.

3. Hähnchenbrüste mit Olivenöl bepinseln und auf dem Grill mit geschlossenem Deckel 10–15 Minuten indirekt bei 180 °C garen. Dabei öfter wenden. Hähnchenbrüste mit Pink Coconut Cole Slaw servieren und mit Petersilie toppen.

Come on and get it!

Zubereitungszeit:	30 Minuten + 4 Stunden Marinierzeit
Du brauchst:	Einen Gemüsehobel
Beer:	Helles Lager
Wine:	Wild White West, Lugana
Whiskey:	Angel's Envy Kentucky Bourbon

The BossHoss: Do It

Tony Joe White: Groupy Girl

S·U·N·S·E·T
Don't Gimme That

STEAK & CHEESE DE LUXE
RIB-EYE-STEAK MIT HALLOUMI-ZUCCHINI-SPIESSEN UND COWBOY-CANDY

Das Charolais-Rind ist nicht nur Fleischlieferant, sondern auch Arbeitstier und sein Fleisch besitzt eine hellrote Farbe mit zarter Marmorierung.

Für die Halloumi-Zucchini-Spieße
- 2 Zucchini
- 640 g Halloumi
- Olivenöl
- Salz
- frisch gemahlener schwarzer Pfeffer
- Saft von 1 Zitrone

Für die Entrecôte-Steaks
- 1 Knoblauchknolle
- Olivenöl
- 2 Rosmarinzweige
- 2 Thymianzweige
- 4 Rib-Eye-Steaks vom Charolais-Rind à 250 g
- Salz
- frisch gemahlener schwarzer Pfeffer
- 4 EL Cowboy-Candy (Rezept Seite 166)

1. Zucchini halbieren und in 1 cm dicke Stücke schneiden. Halloumi in 1 cm große Stücke schneiden. Beides abwechselnd auf 8 Spieße stecken. Mit Olivenöl bepinseln, salzen, pfeffern und abgedeckt beiseitestellen.

2. Knoblauchknolle in Zehen teilen, schälen und mit reichlich Olivenöl, Rosmarinnadeln und Thymianblättchen in eine kleine, tiefe grilltaugliche Pfanne geben und auf dem Grill nicht zu heiß so lange garen, bis der Knoblauch weich ist. Dann beiseitestellen.

3. Steaks salzen und pfeffern, mit Olivenöl bepinseln und auf dem Grill medium grillen. Dabei die Halloumi-Spieße dazugeben und grillen, bis der Käse eine schöne Farbe angenommen hat. Steaks auf 4 Teller verteilen, je 2 Spieße dazugeben, mit den Knoblauchzehen in Öl und Cowboy-Candy toppen, Zitronensaft über die Spieße träufeln und genießen.

Come on and get it!

Zubereitungszeit:	40 Minuten
Du brauchst:	8 grilltaugliche Spieße und eine kleine, tiefe grilltaugliche Pfanne
Beer:	Stout
Wine:	Country Red, Shiraz
Whiskey:	Lagavulin Single Malt

The BossHoss:
Don't Gimme That

The Distillers:
Drain the Blood

S·U·N·S·E·T
Liberty Of Action

TASTY PICANHA & CHIMICHURRI

PICANHA-SPIESS MIT MINZ-CHIMICHURRI

Der Picanha-Spieß gehört zum typisch brasilianischen Churrasco. Dieser Cut ist das Endstück des Tafelspitzes und ideal als Spieß vom Feuer, saftig und geschmacksintensiv.

Für das Minz-Chimichurri
- 1 Schalotte
- 1 Bund Minze
- Olivenöl
- Salz
- frisch gemahlener schwarzer Pfeffer
- 1 TL Chiliflocken
- 1 Schuss Rotweinessig

Für den Picanha-Spieß
- 1 kg Picanha/Tafelspitz
- Salz
- frisch gemahlener schwarzer Pfeffer
- Olivenöl

1. Schalotte schälen und fein würfeln. Blätter der Minze abzupfen und fein hacken. Beides vermischen und mit Olivenöl, Salz, Pfeffer, Chiliflocken und Rotweinessig abschmecken. Die Konsistenz sollte ähnlich wie Pesto sein.

2. Picanha quer in 3–4 cm dicke Steaks schneiden und hintereinander auf einen langen Spieß stecken. Kräftig mit Salz und Pfeffer würzen, mit Olivenöl bepinseln und auf dem Grill direkt je nach Hitze circa 15–25 Minuten grillen. Dabei den Spieß immer wieder in den indirekten Bereich ziehen. Picanha-Spieß mit Minz-Chimichurri servieren und genießen.

Tipp: Dazu passen Kartoffeln vom Grill in jeder Variante sehr gut.

Come on and get it!

Zubereitungszeit:	40 Minuten
Du brauchst:	Einen circa 75 cm langen Spieß
Beer:	IPA
Wine:	Western White, Sauvignon Blanc aus Neuseeland
Whiskey:	Lot No. 40 Canadian Rye Whisky

SOUNDTRACK ZUM GRILLEN

The BossHoss:
Liberty Of Action

Ronnie Dawson:
Action Packed

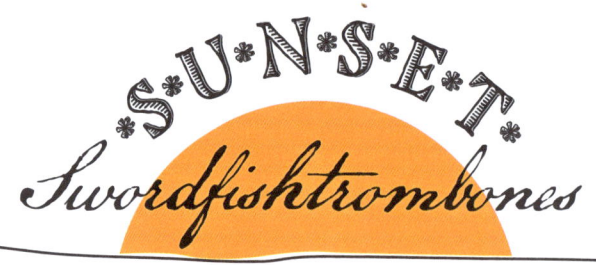

JUICY SWORDFISH

SCHWERTFISCHSTEAK MIT KAPERN-ORANGEN-ÖL

Der Schwertfisch ist bei uns in Fachgeschäften ganzjährig zu bekommen. Wer ihn als Harpunen- oder Leinenfang aus den USA oder Kanada ersteht, kauft ihn auch nachhaltig. Sein Fleisch ähnelt dem Thunfisch, der Geschmack erinnert eher an Kalbfleisch. Er ist durch sein festes Fleisch besonders gut für den Grill geeignet und schnell zubereitet.

Für das Kapern-Orangen-Öl
- 1 Knoblauchzehe
- 2 Anchovis
- 3 Salbeiblättchen
- Saft von ½ Orange
- 1 EL Orangenabrieb
- 3 EL feine Kapern
- Olivenöl
- Salz
- frisch gemahlener schwarzer Pfeffer

Für die Schwertfischsteaks
- 4 Schwertfischsteaks à ca. 200 g
- Salz
- frisch gemahlener schwarzer Pfeffer
- Olivenöl

1. Knoblauch schälen und mit den Anchovis sehr fein hacken. Salbeiblättchen in feine Streifen schneiden und mit Knoblauch, Anchovis, Orangensaft, Orangenabrieb, Kapern und Olivenöl vermengen. Mit Salz und Pfeffer abschmecken.

2. Schwertfischsteaks mit Salz und Pfeffer würzen, mit Olivenöl bepinseln und auf dem Grill je nach Hitze 4–5 Minuten grillen. Die Steaks sollten ein schönes Grillmuster aufweisen, dürfen aber nicht trocken werden. Also aufpassen. Schwertfischsteaks mit Kapern-Orangen-Öl beträufeln und genießen.

Tipp: Dazu reicht einfach nur knuspriges Baguette.

Come on and get it!

Zubereitungszeit:	20 Minuten
Beer:	Gose
Wine:	Wild White West, Grüner Veltliner
Whiskey:	Glen Breton Battle of the Glen

The BossHoss:
AYO

Nitty Gritty Dirt Band:
Fishin' in the Dark

SUNSET

Give me Memphis, Tennessee

MEMPHIS BBQ-DUCK

BARBARIE-ENTENBRUSTFILET MIT MEMPHIS-BBQ-SAUCE UND MAISKOLBEN

Wir braten unsere Entenbrüste erst in der Pfanne auf dem Grill, bevor wir sie kurz auf dem Grillrost fertig garen – dadurch gibt es kein flammendes Inferno auf dem Grill durch das Entenfett.

Für die Maiskolben

- 4 vorgegarte Maiskolben
- 4 EL Butter, zimmerwarm
- ½ TL Chiliflocken
- 2 EL gehackte glatte Petersilie
- Salz
- frisch gemahlener schwarzer Pfeffer

Für die Barbarie-Entenbrustfilets

- 4 Barbarie-Entenbrustfilets mit Haut, ohne Knochen
- Salz
- frisch gemahlener schwarzer Pfeffer
- 2 Zweige Rosmarin
- 2 Zweige Thymian
- 4 EL Memphis-BBQ-Sauce (Rezept Seite 162)

1. Maiskolben dritteln. Butter mit Chiliflocken und Petersilie glatt rühren, mit Salz und Pfeffer abschmecken.

2. Die Haut der Entenbrüste mit einem scharfen Messer rautenförmig einschneiden, dabei möglichst nicht in das Fleisch schneiden. Entenbrüste mit der Hautseite in eine vorgeheizte, fettfreie Pfanne auf den Grill geben und 3–4 Minuten kräftig anbraten, mit Salz und Pfeffer würzen, dann wenden, Rosmarin und Thymian dazugeben und 5–10 Minuten weiterbraten. Auch diese Seite salzen und pfeffern.

3. Maiskolben auf den Grill geben, salzen, pfeffern und 3–4 Minuten grillen. Entenbrüste uus der Pfanne nehmen und für 2 Minuten kräftig von beiden Seiten grillen. Entenbrüste vor dem Servieren 2–3 Minuten ruhen lassen, dann in Streifen schneiden, Maiskol-

ben mit der Petersilienbutter bestreichen, Maiskolbenhalter in die Seiten stecken und zu den Entenbrüsten servieren. Memphis-BBQ-Sauce über die Entenbrüste träufeln und genießen.

Come on and get it!

Zubereitungszeit:	30 Minuten
Du brauchst:	Maiskolbenhalter oder Zahnstocher, eine grilltaugliche Pfanne
Beer:	Doppelbock
Wine:	Western White, Chardonnay aus Australien, Gewürztraminer
Whiskey:	Bulleit 10 Jahre Kentucky Bourbon Whiskey

The BossHoss:
For What it's Worth

Chuck Berry:
Memphis Tennessee

 # SHAKE, RATTLE & ROLL

Tobias »Ernesto Escobar de Tijuana« Fischer spielt Keyboards und Percussion bei The BossHoss. Und nein, er ist kein Mexikaner, auch wenn manche das wirklich glauben. Sogar Leute aus Texas, das ja immerhin an der Grenze zu Mexiko liegt.

TEXAS, HERE WE COME!

20 Jahre The BossHoss und kein bisschen müde! Wahnsinn, was wir schon alles erlebt haben! Eins meiner persönlichen Highlights war unser Band-Trip in die USA. Wir wollten damals für unser Album 2012 ein Video drehen und hatten eine geile Karre organisiert, einen riesigen Cadillac mit fetten Bullhorns am Kühlergrill. Und

weil wir schon mal im Mutterland des Rock 'n' Roll waren, spielten wir da gleich eine Club-Tour. Schon am zweiten Tag traten wir in Austin im Continental Club auf. In dem Laden spielten schon Willie Nelson oder Roy Orbison und sogar Bands wie Pantera. Ein wirklich legendärer Club.

Wir kamen also frisch vom Videodreh, hatten gar keine Zeit für einen Soundcheck, sind sofort auf die Bühne. Unsere Instrumente waren gemietet, weil wir sehr auf unser Budget achten mussten. Und da gab's zumindest für mich eine böse Über-

raschung. Ich ging auf die Bühne und stellte fest, dass die Percussion-Instrumente gar keine Instrumente waren, sondern nur Plastikspielzeug. Gerade, dass keine Babyrassel dabei war. Was blieb mir übrig? Ich zog das knallhart durch. Die Show war super, die Leute sind ausgeflippt. Aber hinterher bin ich schon zu unserem Tourmanager Andi gegangen und sagte: »Hey, was soll das für Percussion sein?« Andi meinte nur: »Sorry, wir haben nur einen Posten von 20 Dollar für Percussion gehabt und ich hab gekauft, was ich dafür kriegen konnte.«

Tja, und so musste ich auch die nächsten Konzerte damit auskommen, bis mich ein Musiker aus dem Publikum ansprach: »Wahnsinn, wie kannst du nur mit so was spielen?«

Ich schilderte ihm unsere Lage und er lachte und lieh mir von seinen Sachen ein paar wirklich gute Percussion-Instrumente. Der Typ war natürlich nicht irgendwer, sondern Peter Michael Escovedo, ein bekannter Percussionist, der unter anderem für Lionel Richie spielt, also eine wirklich große Hausnummer. Das war eine wunderbare Geste und zeigte mir, wie die Musiker da in Texas miteinander umgehen. Vielleicht dachte er auch noch, einem Landsmann aus der Patsche zu helfen. Aber ich bin eben kein Mexikaner, geschweige denn spreche ich gut genug Spanisch, dass man das glauben könnte.

Wir fühlten uns jedenfalls sehr willkommen in Texas, wo wir natürlich so ein bisschen als crazy Kraut-Cowboys wahrgenommen wurden.

Insofern passten wir aber auch gut in das dortige Multikulti- und Tex-Mex-Publikum. Es war überhaupt sehr bunt gemischt: Einmal tanzten die Leute Squaredance zu unserer Musik, dann gab es auch ältere Paare, die gemeinsam ihre Runden drehten, und auch wilde Rockabilly-Leute besuchten unsere Gigs. Und alle sahen uns als deutsche Band, die ihre Country Music so richtig mit dem Herzen spielt und zusätzlich auch noch dieses dreckige Rock-'n'-Roll-Ding draufhat.

Natürlich war diese kleine US-Tour auch ein schöner Kontrast zu den Konzerten, wie wir sie heute spielen. Das war back to the roots – kleine Clubs, keine große Show, einfach Livemusik machen. Auf unseren Touren der letzten Jahre betrieben wir schon ziemlich viel Aufwand, seit einiger Zeit auch mit Pyrotechnik. Ich finde das cool, weil es ein aufregendes Gesamtpaket ist, aber persönlich habe ich auch nichts dagegen, wenn wir ab und zu mal eine relativ simple

Austin: Where music rules!

Rock-'n'-Roll-Show abliefern dürfen. Ich glaube nicht, dass es immer »höher, schneller, weiter« heißen muss. Am Ende kommt es auf die Musik an, wie die Band live performt.

WARM-UP

Wir freuen uns auch, wenn wir anderen Bands eine Bühne bieten können und das Publikum neue Musik entdecken kann. So hatten wir zum Beispiel den legendären Seasick Steve bei einer Tour im Vorprogramm oder auf der letzten Tour die grandiosen WellBad aus Hamburg. Wir haben keine Angst, dass die uns die Show stehlen könnten. Und wenn es wirklich so wäre, dann müssten wir uns eben noch mehr anstrengen. WellBad hatte Ansgar entdeckt und uns gesagt: Schaut euch die unbedingt an, wenn sie nach Berlin kommen. Dann haben wir sie in einem kleinen Berliner Club gesehen und es hat uns wirklich umgehauen. So ein geiler Sänger mit einer fetten rauen Bluesstimme, umwerfende Musiker. Nach der Show waren wir bei denen backstage und

Percussion, Keys, coole Klamotten und Sonnenbrille – viel mehr brauche ich eigentlich nicht.

fragten: »Könnt ihr euch vorstellen, unser Support-Act für die Hallentour zu sein?« Und die haben natürlich zuerst gesagt: »Ist das jetzt euer Ernst, wie kommt ihr denn auf die Idee?« Wir haben das mit dem Management besprochen und plötzlich war eine Band, die bisher vor allem Clubs bespielte, in Riesenhallen unterwegs und hat vor ein paar Tausend Leuten gespielt.

Da haben die Jungs von WellBad auch mal einen Einblick in unseren Touralltag bekommen. Die waren aktuell noch unterwegs wie wir in unseren Anfangstagen. Wir haben heute auf Tour einen ziemlich strengen Stundenplan, an den sich alle halten müssen. Das ist definitiv was anderes, als selbst mit dem Sprinter unterwegs zu sein, die Instrumente selbst auf die Bühne zu schleppen, alles zu verkabeln, und, wenn man Glück hat, gibt's im Club einen Mischer oder aber man muss auch das selbst in die Hand nehmen. So war das in unseren Anfangstagen vor 20 Jahren. Heute ist das alles ein bisschen komplexer, aber für uns Musiker auch entspannter.

A DAY IN THE LIFE

Heute sieht ein Tag auf Tour bei uns so aus: Wir fahren nach einem Konzert um zwei Uhr nachts los, mit einem Nightliner. So ein Bus hat oben einen Schlafbereich und unten ist ein Wohnzimmer. Da besprechen wir, was am Abend gut oder nicht so gut gelaufen ist. Dann wird gechillt und geschlafen. Wir kommen in der nächsten Stadt so um acht bis neun Uhr morgens an und unsere Techniker beginnen da bereits, die Trucks auszuladen und die Bühne aufzubauen. Für uns gibt es bis 14 Uhr Frühstück, dann haben wir bis 16 Uhr frei, ab da ist Soundcheck. Um 17 Uhr gibt's dann Meet & Greet mit unseren Fans, den Stallion Troopers, um 18 Uhr stehen wir für Pressetermine zur Verfügung. Um 20 Uhr gibt es Abendessen und um 21 Uhr heißt es dann: SHOWTIME!!

Unser Bühnenprogramm dauert zwei bis zweieinhalb Stunden. Da lassen wir dann alles raus, worauf wir den ganzen Tag hingefiebert haben. Wir haben zwar durch unsere aufwendigen Bühnenshows ein relativ enges Korsett, aber musikalisch ist da immer noch viel Abwechslung und Variation möglich. Für mich ist das immer Party live on stage!

Nach der Show gibt es dann backstage noch ein bisschen Meet & Greet mit Fans, Freunden und Bekannten, und dann geht's wieder ab in den Nightliner, wo wir wieder die Nachbesprechung machen: Was hat besonders gut geklappt, wo hat eine Idee vielleicht nicht ganz so gezündet, wo müssen wir noch mal was einüben? Am wichtigsten ist immer die Frage: Haben wir die Verbindung zum Publikum hergestellt? Waren die Leute happy mit uns? Haben wir den Spannungsbogen hingekriegt? Wenn etwas musikalisch nicht ganz rundgelaufen ist, proben wir das beim nächsten Soundcheck. Es ist wirklich nicht so, dass wir nach 20 Jahren die Profimucker sind, die ihr Programm routiniert abwickeln, sondern wir schauen schon jeden Abend selbstkritisch auf unsere Performance.

Percussion-Solo-Part auf der Tour 2023 in Hamburg.

THE BEAT
GOES ON

Mit unserem 20-jährigen Bühnenjubiläum habe auch ich noch mal etwas genauer auf unsere Entwicklung als Musiker und Band geschaut. Erst jetzt wurde mir so richtig klar, wie stark wir uns über die Jahre entwickelt haben. Ich kann jetzt auch viel deutlicher sagen, wo ich uns musikalisch sehe. Für mich waren wir vor der Corona-Pause wirklich alle in Topform. Als ich das so für mich feststellen konnte, war ich schon sehr zufrieden. Und ich hatte natürlich die Hoffnung, dass wir genau da wieder anknüpfen können, wenn es wieder losgeht. Und so war es auch. Ich war echt happy, als ich merkte, dass wir aus dieser Kunstpause keine Verschleißerscheinungen mitgenommen haben, dass wir nicht bequem geworden sind, dass wir immer noch unseren Drive haben. Vielleicht sind wir sogar noch fokussierter geworden, beim Musikmachen, aber auch im Umgang miteinander, weil wir gemerkt haben, was fehlt, wenn wir plötzlich nicht mehr andauernd auf der Bühne stehen.

Heute höre ich oft, dass die Rahmenbedingungen für die Livekultur schwieriger geworden sind, aber um die Livebands mache ich mir nicht wirklich Sorgen. Ja, alle Kosten sind höher geworden, ein paar Clubs haben dichtgemacht, aber hey, es sind immer noch viele kleine Bands unterwegs, die sich ihr Publikum erspielen. Heute auf sich als Künstler*in oder Band aufmerksam zu machen, funktioniert auch ganz anders als früher, wo man erst mal ein Album im Rücken brauchte, auf bestimmte Booker, auf Werbung und Marketing angewiesen war, um den Laden am Abend voll zu bringen. Das hat sich komplett geändert. Vieles lässt sich heute auch mit Eigeninitiative erreichen. Ich bekomme das bei meiner Tochter mit, die in Berlin oft in ganz kleinen Läden unterwegs ist, wo sie Konzerte von Bands besucht, von denen ich noch nie etwas gehört habe. Und beim Konzert ist es dann rappelvoll. Die Bands

2023 in Ravensburg: immer schön warm am Rücken.

und Musiker*innen sind mit ihrer Community über die sozialen Medien in Kontakt und stellen ihre Songs auf Bandcamp. Aber wenn sie dann auf der Bühne stehen, ist das auch nicht anders als in unseren Anfangstagen. Man muss das Publikum einfach live überzeugen, damit die Leute immer wieder zu den Konzerten kommen.

Ich mache mir keine Sorgen, dass das aufhört. Und darin sehe ich auch die Zukunft von The BossHoss. Wir sind eine Liveband, die Leute wollen echte Livebands sehen, ein Liveevent erleben, das im Augenblick passiert und am nächsten Abend garantiert nicht exakt gleich sein wird. Dafür lohnt es sich die Homezone zu verlassen!

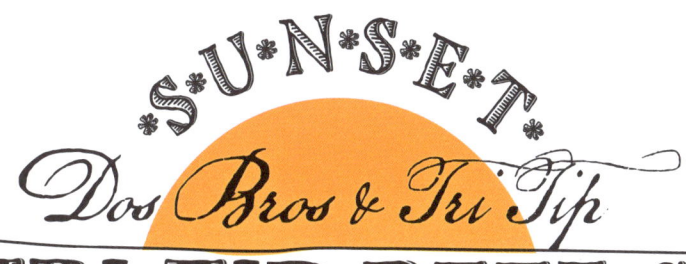

SUNSET
Dos Bros & Tri Tip

TRI TIP BEEF & SANTA-MARIA-SALSA

BÜRGERMEISTERSTÜCK MIT SANTA-MARIA-SALSA UND GRILLKARTOFFELN

Das Tri Tip ist mit unserem Bürgermeisterstück vergleichbar, stark marmoriert und ideal für den Grill. Zum original American BBQ Tri Tip gehört natürlich die Santa-Maria-Salsa.

Für die Grillkartoffeln
- 700 g Drillinge
- Salz
- frisch gemahlener schwarzer Pfeffer
- 2 Rosmarinzweige
- Olivenöl

Für die Salsa
- 2 rote Zwiebeln
- 3 Tomaten
- 2 Stangen Staudensellerie
- 1–2 rote Chilischoten
- 1 TL Worcestershire-Sauce
- Salz
- frisch gemahlener schwarzer Pfeffer
- Saft von 1 Zitrone
- Olivenöl

Für das Tri Tip
- 800 g Tri Tip vom Simmentaler Rind
- Salz
- frisch gemahlener schwarzer Pfeffer
- Olivenöl

1. Drillinge mit Schale in eine grilltaugliche Auflaufform geben, mit Salz und Pfeffer würzen, Rosmarinzweige und Olivenöl dazugeben und auf dem Grill mit geschlossenem Deckel bei 180 °C circa 30 Minuten garen.

2. In dieser Zeit Zwiebeln schälen und würfeln. Tomaten vierteln, entkernen und würfeln. Staudensellerie längs vierteln und würfeln. Chili halbieren, entkernen und fein würfeln. Alle vorbereiteten Zutaten vermischen und mit Worcestershire-Sauce, Salz, Pfeffer und Zitronensaft würzen, Olivenöl dazugeben und alles gut vermengen.

3. Tri Tip salzen und pfeffern, mit Olivenöl bestreichen und auf dem Grill mit geschlossenem Deckel bei 160 °C je nach Hitze circa 15–20 Minuten medium garen. Das Fleisch in Butcher Paper einschlagen und 10–15 Minuten ruhen lassen. Fleisch in Scheiben aufschneiden und mit der Santa-Maria-Salsa und den Grillkartoffeln genießen.

Come on and get it!

Zubereitungszeit:	40 Minuten
Du brauchst:	Grilltaugliche Auflaufform, Butcher Paper oder Alufolie
Beer:	Belgian Dubbel
Wine:	Country Red, Bordeaux
Whiskey:	Whisky Ardbeg Wee Beastie 5 Years Old

SOUNDTRACK ZUM GRILLEN

The BossHoss:
Dos Bros

Johnny Cash:
One

SUNSET
Keep on Dancing
SLOPPY-JOE-BURGER VEGAN EDITION

JACKFRUCHT-BURGER »SLOPPY JOE« MIT ALABAMA-WHITE-BBQ-SAUCE (VEGAN)

Die Jackfrucht ist ein super Fleischersatz, gerade in der Burger-Bun. Sie gibt es in Salzlake oder süß, als gereifte Frucht. Hier kommt die süße Jackfrucht zum Einsatz, sie karamellisiert sehr schön und dazu passt perfekt die Alabama-White-BBQ-Sauce.

Für die Alabama-White-BBQ-Sauce
- 1 kleiner frischer Meerrettich
- 200 g veganer Joghurt
- Rauchsalz
- frisch gemahlener schwarzer Pfeffer
- Saft von 1 Zitrone
- Olivenöl

Für den Burger
- 2 Möhren
- 1 rote Zwiebel
- Salz
- 1 Avocado
- Saft von 1 Limette
- 2 Dosen reife Jackfrucht (abgetropft je 230 g)
- Olivenöl
- frisch gemahlener schwarzer Pfeffer
- Chiliflocken
- ½ Bund Koriander, fein gehackt
- 4 vegane Burger-Buns
- einige Blätter Baby-Romanasalat

1. Meerrettich schälen und fein reiben. Du brauchst 80 g. Meerrettich unter den Joghurt rühren und mit Rauchsalz, Pfeffer, Zitronensaft und etwas Olivenöl abschmecken.

2. Möhren und Zwiebel schälen, beides in feine Streifen schneiden. Möhren leicht salzen. Avocado halbieren, entkernen, mit einem Löffel das Fruchtfleisch herausholen, in Streifen schneiden und mit Limettensaft beträufeln.

3. Jackfruchtstücke in einer vorgeheizten Pfanne in Olivenöl auf dem Grill 4–5 Minuten kräftig anbraten und karamellisieren lassen. Mit Salz, Pfeffer und Chiliflocken würzen. Pfanne vom Grill nehmen und den Koriander unterrühren.

4. Burger-Buns aufschneiden mit Olivenöl beträufeln und auf dem Grill anrösten. Unterteile mit der Hälfte Alabama-White-BBQ-Sauce bestreichen, mit Salat belegen, darauf die Jackfruchtstücke verteilen und mit Möhren, Zwiebeln und Avocadostreifen toppen. Die restliche Sauce darauf verteilen, Deckel drauf und genießen.

Zubereitungszeit:		30 Minuten
Du brauchst:	Grilltaugliche Pfanne, eine Reibe und eventuell Spießchen für das Brötchen	
Beer:		Flensburger Kellerbier
Wine:		Country Red, Graves
Whiskey:		Booker's Bourbon

The BossHoss:
I Keep On Dancing

Hank Williams III:
Cocaine Blues

ROCKY MOUNTAIN LAMB CHOPS

LAMMKOTELETTS »ROCKY MOUNTAIN MAN« MIT ONION LOLLYS

Für die Lammkoteletts nehmen wir einen echten Pionier. Ein Rub besteht aus getrockneten und/oder im Mörser zerstoßenen Gewürzen und Kräutern. Basiszutaten sind Salz, Pfeffer und oft auch Zucker für eine karamellisierte Note unseres Grillguts. Einmal hergestellt, ist er gut haltbar, und so kann man seine Lieblingsmischung den ganzen Sommer zum Einreiben nutzen. Mit etwas Olivenöl und Säure durch Essig oder Zitrone verzaubert man einen Rub in eine Marinade.

Für die Lammkoteletts
- 20 Lammkoteletts
- 6 EL Pioneer Rub (Rezept Seite 160)
- einige Zweige Thymian
- Olivenöl

Für die Onion Lollys
- 2–3 Gemüsezwiebeln
- Olivenöl
- Salz
- frisch gemahlener schwarzer Pfeffer
- 4 EL Whiskey Bacon Jam (Seite 167)

1. Lammkoteletts kräftig mit Pioneer Rub und Thymian würzen und abgedeckt im Kühlschrank 4 Stunden marinieren lassen. 1 Stunde vor dem Gebrauch aus dem Kühlschrank nehmen.

2. Zwiebeln schälen und in 1 cm breite Ringe schneiden. Die Zwiebelringe auf kleine grilltaugliche Spieße stecken, mit Olivenöl bepinseln und mit Salz und Pfeffer würzen.

3. Lammkoteletts mit Olivenöl bepinseln und auf einem Grill mit geschlossenem Deckel bei circa. 200 °C 8–12 Minuten rosa grillen, dabei immer wieder drehen. Zwiebel-Lollys dazugeben und so lange grillen, bis sie ein schönes Grillmuster bekommen haben, dies dauert circa 4–5 Minuten. Onion Lollys mit Whiskey Bacon Jam toppen und zu den Lammkoteletts servieren.

Come on and get it!

Zubereitungszeit:	30–35 Minuten + 4 Stunden Marinierzeit
Du brauchst:	12 kleine grilltaugliche Spieße
Beer:	Porter
Wine:	Wanted Red or Alive, Côte du Rhône
Whiskey:	Knob Creek Aged 9 Years

The BossHoss:
Easy To Love you

Social Distortion:
Under my Thumb

DRUNKEN DRY AGED ROASTBEEF

IBERICO DRY AGED ROASTBEEF MIT WHISKEY-BACON-JAM UND APPLE-COLE-SLAW

Wir nehmen hier eine spanische alte Milchkuh. Das Roastbeef ist magerer als beispielsweise ein Rib-Eye-Steak, besitzt aber noch einen genügenden Fettanteil für den Grill. Der besondere, intensive Geschmack kommt durch das Futter und die Edelschimmelreifung. Das Fleisch ist tiefrot und das Roastbeef hat einen schönen Fettrand.

Für den Apple Cole Slaw
- 4 Eier, Größe M
- 1 Spitzkohl
- 3 rotschalige Äpfel
- Salz
- frisch gemahlener schwarzer Pfeffer
- Olivenöl
- 150 g saure Sahne
- 1 Schuss Weißweinessig
- ½ Bund gehackte glatte Petersilie

Für das Iberico Dry Aged Roastbeef
- 4 Iberico Dry Aged Roast-beefs à 250 g
- Salz
- frisch gemahlener schwarzer Pfeffer
- Olivenöl
- 4 EL Whiskey Bacon Jam (Seite 167)

1. Eier 8 Minuten kochen, abschrecken, pellen, dann würfeln. Spitzkohl und Äpfel vierteln, Äpfel entkernen und beides in feine Streifen hobeln und vermengen. Salat mit Salz, Pfeffer, Olivenöl, saurer Sahne und 1 Schuss Weißweinessig gut durchkneten, Petersilie und Eier dazu geben und 10 Minuten ziehen lassen.

2. Die Fettdecke vom Iberico Dry Aged Roastbeef einige Male einschneiden, mit Salz und Pfeffer würzen, mit Olivenöl bepinseln und auf dem Grill direkt medium garen. Dies dauert je nach Hitze 8 10 Minuten.

3. Apple Cole Slaw auf 4 Teller verteilen und mit Roastbeef und Whiskey Bacon Jam genießen.

Come on and get it!

Zubereitungszeit:	30 Minuten
Du brauchst:	Einen Gemüsehobel
Beer:	Stout
Wine:	Country Red, Tempranillo Reserve
Whiskey:	Bowmore Whiskey

SOUNDTRACK ZUM GRILLEN

The BossHoss:
Drowned In Lake Daniels

Stray Cats:
Fishnet Stockings

Unbelievable!

SPARE RIBS ST. LOUIS
SPARE RIBS MIT MAGIC-DUST-RUB, AUBERGINEN UND MEHR

Dieser Spare Ribs Cut ist durch den geringeren Knorpelanteil und den gleichmäßigen Schnitt schnell gegart.

Für die Spare Ribs
- 2,5 kg Spare Ribs St. Louis Cut
- 8 EL Magic Dust Rub
- 200 ml Dos Bros-BBQ-Sauce (Rezept Seite 165)

Für die Eggplants
- 2 Auberginen
- 3 EL Ahornsirup
- Salz
- frisch gemahlener schwarzer Pfeffer
- 1 TL Chiliflocken
- Olivenöl
- einige Minzblätter

Für die Party People
- 2 Avocado
- Salz
- frisch gemahlener schwarzer Pfeffer
- Saft von 2 Limetten
- Olivenöl
- 110 g Tortilla-Chips, Sorte nach Gusto
- 6 EL Whiskey Bacon Jam (Rezept Seite 167)
- Pink Coconut Cole Slaw (Rezept Seite 94)

1. Silberhaut der Spare Ribs entfernen. Spare Ribs kräftig mit Rub würzen und für mindestens 4 Stunden abgedeckt im Kühlschrank marinieren. 1 Stunde vor dem Gebrauch aus dem Kühlschrank nehmen. Spare Ribs auf dem Grill mit geschlossenem Deckel bei 170–180 °C circa 1 Stunde und 45 Minuten garen. 15 Minuten vor Ende der Garzeit die Ribs mit BBQ-Sauce mehrfach bepinseln und glasieren.

2. Auberginen längs vierteln, würfeln und die Würfel auf 6–8 Spieße stecken. Ahornsirup, Salz, Pfeffer, Chiliflocken und Olivenöl verrühren. Spieße von allen Seiten 10–12 Minuten grillen, dabei immer wieder mit der Ahornsirup-Marinade bepinseln. Auberginen von den Spießen ziehen, in eine Schüssel geben und mit Olivenöl und Minze als Antipasti anmachen.

3. Spare Ribs auf einem großen Holzbrett mit der restlichen BBQ-Sauce anrichten. Eggplants in einer Schüssel dazugeben, Avocados halbieren, entkernen, mit einem Löffel das Fruchtfleisch herausholen, in Fächer schneiden, salzen, pfeffern, mit Limettensaft und Olivenöl beträufeln und auch auf dem Holzbrett anrichten. Taco-Chips, Whiskey Bacon Jam und Pink Coconut Cole Slaw dazu anrichten, und die Party kann beginnen.

Tipp: Wer will, serviert noch geröstetes Baguette dazu.

Come on and get it!

Zubereitungszeit:	2 Stunden + 4 Stunden Marinierzeit
Du brauchst:	Ein großes Anrichtebrett, 6–8 grilltaugliche Spieße
Beer:	Bockbier
Wine:	Country Red, Zinfandel
Whiskey:	Rebell Yell Tawny Whiskey

SOUNDTRACK ZUM GRILLEN

The BossHoss:
Unbelievable

Spiderbait:
Black Betty

WHOOPIN' THE BLUES

Malcolm »Hank Williamson« Arison spielt Harp, Gitarre und Mandoline bei The BossHoss und kann auf eine wilde Zeit als Straßenmusiker in ganz Europa zurückblicken. Was er definitiv am besten kann in der Band – Englisch, denn er ist Brite. Zu The BossHoss kam er auf kleinen Umwegen.

DAS EINHORN

Eins meiner prägendsten Erlebnisse mit The BossHoss war unsere England-Tour, als wir mit anderen Bands zusammen Support spielten für Motörhead. Lemmy ist einfach eine Legende. Wir hatten schon früher in England gespielt, in kleineren Clubs und tolle Erfahrungen gemacht, aber mit Lemmy, das hat uns schon Respekt eingeflößt. Der ist so ein wahnsinniger Typ. Wenn du ihn siehst, dann ist das so, als würdest du ein Einhorn oder ein Fabelwesen sehen. Ich selbst komme ja gar nicht aus der Hardrock-Ecke, mich hat eher jemand wie Johnny Cash geprägt mit all seiner Melancholie und Tiefe. Aber dann sah ich Lemmy und dachte: Ja, der Typ ist mit jeder Faser seines Körpers Rock 'n' Roll. Lemmy war damals schon gesundheitlich angeschlagen und musste sich zusammenreißen, aber wenn du ihn dann auf der Bühne erlebt hast, wie er dasteht und spielt und »Ace of Spades« singt, von unten in sein Mikrofon, wenn du den ganzen ikonografischen Look mitbekommst und spürst, wie er diesen Inner Space kreiert, das ist schon sehr beeindruckend.

Wir hatten Glück, als Support-Band vom englischen Publikum so positiv aufgenommen zu werden. Die Vorzeichen waren aber auch gut. Unser damaliger Manager hatte gute Kontakte nach England und man war auch so fair, uns richtig gute Bühnenbedingungen zu stellen. Man hört ja immer wieder, dass die Vorbands leiser eingepegelt werden als die Hauptband, aber das war bei uns definitiv nicht der Fall. Auch dass wir keinen Hardrock spielen, war kein Problem, denn wenn wir auf der Bühne sind, dann sind wir als Band sehr konsequent. Und natürlich haben wir unsere Songs härter gespielt, als wir es sonst tun. Das kam super an. Nicht nur in London, auch in Birmingham oder Manchester.

Unsere Gigs in England fielen in eine Zeit, in der man stilistisch recht offen war. Man hörte solche Künstlerinnen wie Amy Winehouse, Blues und Soul waren für die Leute attraktiv. Und schließlich boten wir immer eine gute Liveshow mit einer vielseitigen Mischung mit den Bläsern und generell der ganzen Art, wie wir spielten. Es gab bei den Soli diese klassischen Rock-Battles zwischen den Instrumenten, viel musikalische Spontaneität und Interaktion. Das war live und direkt und ohne große Schnörkel und sprach das Publikum sehr an. Keiner sagte was Komisches über die verrückten Krauts. Als Brite habe ich natürlich darauf geachtet, dass sich die Jungs den Landessitten gemäß verhalten. Ein paarmal musste ich den Jungs sagen: »Don't push in der Queue!« Dass man eben nicht einfach mal flott an der Schlange vor dem Club vorbeigeht. Oder dass man lieber einmal zu oft »please« und »thank you« sagt, weil man in Großbritannien großen Wert auf Höflichkeit legt und nicht immer gleich mit der Tür ins Haus fällt. Aber die Jungs haben das gut hingekriegt.

Von unserem Amerika-Trip erinnere ich mich besonders gerne an den Continental Club in Austin, wo all die richtig großen Künstler aufgetreten sind. Es war eine große Ehre, dass wir da auch spielen durften. Natürlich kannte uns da keiner, deswegen machten wir auch ein bisschen Promo bei lokalen Radiosendern. Das lief sehr gut, zumal die Texaner sowieso ein Faible für alles Deutsche haben. Wir haben uns dann auf der Bühne

Unvergesslich: The BossHoss backstage in der Wembley Arena mit Lemmy Kilmister. Es war eine große Ehre mit den legendären Motörhead auf Tour zu sein.

auch alle Mühe gegeben, Alec warf sich auf den Boden und wir gingen alle voll crazy ab. Das war eine super Liveshow, das Publikum war hin und weg. Wichtig war uns natürlich, dass wir mit userem Cowboy-Image nicht so rüberkommen, als würden wir die Amis verarschen, unsere Show ist ja eine Verbeugung vor deren Kultur und Musik, vor Country, Blues, Soul und Rock 'n' Roll.

A LONG WAY TO GO

Ich war früher viel unterwegs als Straßenmusiker. Es gab damals ein richtiges Netzwerk von Straßenmusikern aus vielen Ländern – Europa, USA, Australien. Es war sehr international und wir haben auf der Straße vor Warteschlangen vor dem Kino oder einem Museum gespielt, an schönen Aussichtsplätzen, bei Denkmälern, auch in kleinen Bars und Clubs, auf Café-Terrassen in Amsterdam, Venedig, Cannes oder in der Pariser Metro. Das war eine aufregende Zeit, in der ich viel gelernt habe – übers Leben und über die Musik. Ich war Mundharmonikaspieler und Gitarrist und hatte schon meine eigenen Bluesbands gehabt und blieb irgendwann in Berlin hängen, wo ich in Neukölln ein Café führte. Ich wollte damals unbedingt das Mischen und Produzieren lernen und begegnete in den Hansa Studios Ansgar und Tobi, und damit nahm die Geschichte ihren Lauf.

Erst war ich Roadie beziehungsweise Backliner in der Band, dann wurde ich eines Tages Ersatzmann für den damaligen Hank, der die Band verlassen hatte. Es gefiel mir sehr, dass sich die Jungs nicht so ernst nahmen und eine Riesenparty mit der Musik machten, die ich so sehr liebte. Schon als ich nur für die Backline zuständig war, holten mich die Jungs immer wieder zum Harpspielen auf die Bühne. Rückblickend würde ich schon sagen, dass ich an der Harp sehr viel besser war als in meinem Job an der Backline. Aber auch da habe ich immer mein Bestes gegeben, selbst wenn es

für den Job sicher bessere Leute gibt als mich. Dass ich als Musiker fest in der Band einsteigen konnte, war natürlich fantastisch. Und ich habe in der Band schnell mein Portfolio erweitert, denn die Jungs wollten unbedingt, dass ich noch Mandoline spiele, also habe ich das ganz schnell gelernt. Mit der Band hatte ich jetzt erstmals die Perspektive, wirklich längerfristig von der Musik zu leben.

Heute bin ich ausschließlich Musiker. Ich habe neben The BossHoss noch andere Projekte, an denen ich arbeite. Ich komponiere vor allem Filmmusik und arbeite da zum Beispiel mit dem Regisseur Veit Helmer zusammen, der immer wieder für seine Filme

auf internationalen Festivals ausgezeichnet wird. Zuletzt habe ich für ihn die Musik für die wunderbaren Filme »Gondola« und »Akiko«, der fliegende Affe geschrieben und produziert.

Mir macht es viel Freude, so konzeptionell zu arbeiten, ich kann mich da an Themen ausprobieren, die ich vielleicht noch gar nicht auf dem Schirm hatte. Ich muss mich auf die Geschichten, Ästhetik, Bildsprache eines Regisseurs einlassen, auch auf seinen Humor. Es ist sehr schön, wenn mir ein Künstler aus einer anderen Sparte so einen Vertrauensvorschuss gibt, dass ich die richtigen Töne zu seinen Bildern und Geschichten finde.

Mein Karrierestart als Straßenmusiker mit Harp und Gitarre 1980 in Genf.

MEHR ALS DIE SUMME DER EINZELNEN TEILE

The BossHoss ist definitiv mein Hauptjob und das gibt mir viel Kontinuität im Leben und als Musiker. Ich habe hautnah erlebt, wie die Band immer größer wurde, immer mehr Publikum anzog. Da muss man dann auch bereit sein, die Erwartungen des Publikums zu erfüllen, sich in das große Ganze einfügen. Das ist mehr als mit ein paar anderen Musikern zusammen zu spielen, da steckt sehr viel Organisation und Vorbereitung dahinter.

Als Straßenmusiker war ich noch komplett frei, konnte machen und spielen, was und wie ich wollte. Heute muss ich mich schon an so manche Vorgaben halten, die uns etwa die Show vorgibt. Man muss auf der Bühne darauf achten, wo man steht, wegen der Scheinwerfer oder bestimmter Showelemente. Du kannst auch nicht einfach mal schnell die Setlist ändern, weil du gerade einen anderen Song passender findest. Es gibt immer einen gewissen Rahmen. Und wenn man eine große Hallentour spielt, dann muss man einfach auch wissen, hier geht es nicht nur ums Improvisieren oder das beste Solo zu spielen, sondern darum, gemeinsam eine überzeugende Liveshow abzuliefern, bei der sehr viele kleine Rädchen ineinandergreifen.

Wenn jeder seinen besten Beitrag dazu leistet, damit das große Ganze richtig gut wird, dann ist das großartig und hat eine Wahnsinnsenergie. Dann ist das viel mehr als die Summe der einzelnen Teile.

LATE NIGHT SHOW

MIDNIGHT SNACK

Still hungry

like a Wolf!

Finger lickin' good

TEXAS TWINKIES

GEFÜLLTE JALAPEÑOS VOM GRILL

Hierbei handelt es sich um typisch amerikanischen BBQ-»Schweinkram«. Oft werden sie im Smoker zubereitet, es geht aber auch wunderbar ohne.

Für die Texas Twinkies
- 300 g Rinderhack
- 50 g geriebener Cheddar
- Salz
- frisch gemahlener schwarzer Pfeffer
- 1 TL Paprikapulver
- 1 TL getrockneter Majoran
- ½ TL Knoblauchpulver
- 15 Jalapeños
- 15 Scheiben Bacon

1. Hackfleisch und Käse vermengen, mit Salz, Pfeffer, Paprikapulver, Majoran und Knoblauchpulver würzen.

2. Jalapeños halbieren, entkernen, mit der Hackmischung befüllen, wieder beide Seiten zusammenfügen und mit je 1 Streifen Bacon fest umwickeln.

3. Texas Twinkies auf dem Grill circa 15 Minuten mit geschlossenem Deckel bei 180–200 °C knusprig grillen. Auf einer Platte anrichten und servieren.

Tipp: Dazu passt eine Dipsauce deiner Wahl.

Zubereitungszeit:	35 Minuten
Du brauchst:	Servierplatte
Beer:	Bockbier
Wine:	Wild White West, Sangiovese
Whiskey:	Whisky Benromach

The BossHoss:
Sex On Legs

Foo Fighters:
All My Life

Gimme danger

SHOTGUN SHELLS & DYNAMITE STICKS

GEFÜLLTE CANNELLONI MIT CAROLINA-GOLD-BBQ-SAUCE

Noch mehr »Schweinkram«, ihr werdet sie lieben, unsere Patronenhülsen und Dynamitstangen mit der perfekten BBQ-Sauce namens Carolina Gold. Der Clou sind zudem noch die Cannelloni.

Für die Carolina-Gold-BBQ-Sauce

- 1 Zwiebel
- 6 EL gelber Senf
- 1 TL Ketchup
- Tabasco nach Gusto
- 1 EL Honig
- 1 Schuss Weißweinessig
- Salz
- bunter Pfeffer
- 1 TL Knoblauchpulver

Für die Shells und Sticks

- 400 g Lammhack
- Salz
- frisch gemahlener schwarzer Pfeffer
- 10 Cannelloni
- 5 kleine Pimientos de Padrón
- 20 Scheiben Bacon
- Olivenöl
- 1 Handvoll Räucher-Pellets nach Wahl
- 3 EL Dos Bros-BBQ-Sauce (Rezept Seite 165)

1. Zwiebel schälen und sehr fein würfeln. Senf, Ketchup, Tabasco, Honig und Weißweinessig glatt rühren. Mit Salz, Pfeffer und Knoblauchpulver abschmecken.

2. Lammhack mit Salz und Pfeffer würzen. Lammhack in die Cannelloni füllen, in 5 Cannelloni je 1 Pimiento de Padrón stecken, sodass der Stiel rausschaut. Die Nudeln mit jeweils 2 Scheiben Bacon umwickeln, mit Olivenöl bepinseln, in Wasser eingeweichte Pellets in den Grill geben und die Rollen mit geschlossenem Deckel bei 160 °C 25–30 Minuten mild smoken. Für einen schönen Glanz 5 Minuten vor Ende der Garzeit mehrfach mit BBQ-Sauce bepinseln.

3. Shotgun Shells und Dynamite Sticks mit Carolina-Gold-BBQ-Sauce servieren.

Come on and get it!

Zubereitungszeit:	50 Minuten
Du brauchst:	Eine Handvoll Räucher-Pellets nach Wahl
Beer:	Rauchbier
Wine:	Country Red, Wanted Red or Alive, Shiraz
Whiskey:	Maker's Mark Bourbon

The BossHoss:
The Answer

The Go Getters:
Welcome to My Hell

Shake And Shout

PORK BELLY BURN ENDS MEXICAN STYLE

SCHWEINEBAUCH-TACO MIT GERÖSTETER ANANAS-SALSA

Klassischerweise werden sie im Smoker zubereitet und man hat viel Zeit für ein Bier oder zwei. Es geht aber auch ohne Smoker und schneller. Ohne Geschmacksverlust.

Für die Pork Belly Burn Ends
- 800 g Schweinebauch, ohne Schwarte, ohne Knochen
- Salz
- frisch gemahlener schwarzer Pfeffer
- 80 g Butter
- 5 EL Dos Bros-BBQ-Sauce (Rezept Seite 165)

Für die geröstete Ananas-Salsa
- 2 rote Zwiebeln
- 2 Knoblauchzehen
- ¼ Ananas
- 1 Poblano-Chilischote
- Olivenöl
- Salz
- frisch gemahlener schwarzer Pfeffer
- 1 Avocado
- 1 Bund frischer Koriander
- Saft von 2 Limetten

Für die Tacos
- 8 kleine Mais-Tortillas
- 250 g Mozzarella
- 2 Limetten

1. Schweinebauch in 1–2 cm breite, dann in 3 cm große Stücke schneiden, salzen und pfeffern und auf dem Grill bei 150 °C mit geschlossenem Deckel circa 30 Minuten indirekt garen. Dabei immer wieder wenden. Nach dieser Garzeit die Stücke in eine Schale geben und mit der Butter vermischen. Mit Alufolie abdecken und für weitere 30 Minuten auf den Grill geben. Die Bauchstücke danach mit Dos Bros-BBQ-Sauce vermischen und noch mal 30 Minuten karamellisieren lassen.

2. In dieser Zeit Zwiebeln, Knoblauch und Ananas schälen und in grobe Stücke schneiden. Die Poblano-Chili halbieren, entkernen und grob würfeln. Diese Zutaten in einer vorgeheizten grilltauglichen Pfanne in Olivenöl kräftig anbraten, mit Salz und Pfeffer würzen und so lange weiterbraten, bis die Zutaten deutliche Bratspuren haben. Dies dauert je nach Hitze bis zu 10 Minuten. Dann die Zutaten aus der Pfanne auf ein Schneidebrett geben, die Avocado halbieren, entkernen, das Fruchtfleisch mit einem Löffel herausholen und zu den gebratenen Zutaten geben, Koriander ebenfalls dazugeben und alles mit einem Messer klein hacken. Mit Limettensaft, Salz und Pfeffer abschmecken.

3. Tortillas kurz auf dem Grill in einer grilltauglichen Pfanne erwärmen. Pork Belly Burn Ends mit etwas Salsa in die Tortillas füllen, Mozzarella klein zupfen und die Tacos damit toppen, Limettensaft darüberträufeln, zuklappen und genießen.

Come on and get it!

Zubereitungszeit:	1,5 Stunden
Du brauchst:	Eine grilltaugliche Pfanne und Schale
Beer:	IPA
Wine:	Country Red, Pinotage
Whiskey:	Ardbeg Corryvreckan

The BossHoss:
Shake And Shout

The Dirtbombs:
Stop

It's Not Unusual

BACON CHOCOLATE STICK
»STATE FAIR OF TEXAS«
SÜSSE UND SALZIGE BACON STICKS

Süß und salzig ... yummy! Die State Fair Festivals sind ursprünglich jährlich statt-findende Volksfeste beziehungsweise Jahrmärkte, die aus den Landwirtschafts-schauen entstanden. Die meisten Bundesstaaten in den USA veranstalten sie, wobei die State Fair of Texas zu den größten gehört. Es ist ein Wahnsinn, was sich die Foodtruck-Betreiber alles einfallen lassen.

Für die Bacon Chocolate Sticks

- 1 TL Salz
- ½ TL frisch gemahlener schwarzer Pfeffer
- ½ TL Chiliflocken + etwas mehr zum Bestreuen
- 1 TL Paprikapulver
- ½ TL Knoblauchpulver
- ½ TL Zwiebelpulver
- 4 dicke Scheiben Schweine-bauch ohne Schwarte, ohne Knochen
- 100 g dunkle Schokolade

1. Die Gewürze miteinander vermengen und die Schweinebauchscheiben damit wür-zen. Bauchscheiben auf 4 Spieße stecken und auf dem Grill mit geschlossenem Deckel bei 180 °C knusprig grillen. Dies dauert circa 15–20 Minuten. Spieße öfter wenden.

2. Schokolade klein hacken und am Grillrand langsam schmelzen lassen. Die Schoko-lade darf nicht zu heiß werden. Sicherer ist ein heißes Wasserbad.

3. Schweinebauchspieße mit der flüssigen Schokolade beträufeln, mit einigen Chili-flocken bestreuen und genießen.

Come on and get it!

Zubereitungszeit:		30 Minuten
Du brauchst:	4 grilltaugliche Spieße (circa 20 cm lang), grilltauglicher kleiner Topf und eine kleine Schüssel, die genau in den Topf passt	
Beer:		Stout
Wine:		Portwein
Whiskey:	Macallan Highland Single Malt Scotch Whisky Sherry Oak Cask, 12 Years Old	

The BossHoss:
It's Not Unusual

Danko Jones:
First Date

Bullpower!

WHAT A BURGER, BABY
BURGER MIT IBERISCHEM SECRETO UND DOS BROS-BBQ-SAUCE

Dieser Burger besticht durch sein außergewöhnliches Stück Fleisch und unsere Dos Bros-BBQ-Sauce. Das iberische Secreto ist eine Geheimwaffe. Es ist zart, saftig und geschmacksintensiv, versteckt hinter der Rückenmuskulatur gelegen. Iberico steht für ganzjährige Weidehaltung in den spanischen Eichenhainen.

Für den Burger
- 600 g Iberico Secreto
- Salz
- frisch gemahlener schwarzer Pfeffer
- 2 rote Zwiebeln
- 2 San-Marzano-Tomaten
- 4 Eier, Größe M
- Olivenöl
- 4 Laugen-Burger-Buns
- 6 EL Dos Bros-BBQ-Sauce (Rezept Seite 165)
- einige Salatblätter nach Gusto, z. B. Rucola

1. Iberico Secreto mit Salz und Pfeffer würzen. Zwiebeln schälen und in feine Ringe schneiden. Tomaten längs in Scheiben schneiden.

2. Secreto auf dem Grill mit geschlossenem Deckel bei 180 °C garen. Dies dauert circa 15–20 Minuten. Achtung: Fettbrand-Gefahr! Das Fleischstück immer mal wieder in den indirekten Bereich ziehen.

3. In einer vorgeheizten grilltauglichen Pfanne 4 Spiegeleier in Olivenöl braten. Burger-Buns halbieren und die Schnittseiten auf dem Grill toasten. Die Unterseiten der Buns mit einem Viertel der Dos Bros-BBQ-Sauce bestreichen. Darauf die Tomatenscheiben geben. Secreto in 4 Teile teilen und auf die Buns verteilen. Dann Spiegelei und Salat mit Zwiebelringen und der restlichen BBQ-Sauce toppen. Deckel drauf und go.

Come on and get it!

Zubereitungszeit:	40 Minuten
Du brauchst:	Eine grilltaugliche Pfanne
Beer:	Altbier
Wine:	Wanted Red or Alive, Carmenere
Whiskey:	Woodford Reserve

The BossHoss:
Bullpower

Chuck Berry:
You Never Can Tell

Say A Little Prayer

TEXAS STYLE PO'BOY SANDWICH
»ARMER-JUNGE«-SANDWICH MIT GARNELEN

Das »Arme Junge«- Sandwich stammt aus Louisiana, einer echten Shrimps-Hochburg. Man nehme ein französisches Baguette, Shrimps satt und eine BBQ-Sauce. Oder man »dressed« den Jungen mit Salat, Tomate, Gurke … whatever. Dieses Rezept ist eindeutig von den vielen amerikanische Food Festivals beeinflusst.

Für das Sandwich
- 40 g Fruity Pebbles (Frühstücksflocken)
- 80 g Panko (Paniermehl)
- 12 rohe Garnelen, ohne Schale und Kopf
- Salz
- frisch gemahlener schwarzer Pfeffer
- 1 TL getrocknete Chipotle-Chili
- 3 EL Mehl
- 2 Eier, Größe M, mit einer Gabel aufgeschlagen
- 300 ml Pflanzenöl
- 4 Baguettebrötchen
- 6 EL Texas-Ranch-BBQ-Sauce (Rezept Seite 163)
- einige Salatblätter nach Gusto
- ½ Gurke, in Scheiben geschnitten
- Saft von 2 Limetten

1. Fruity Pebbles grob zerbröseln. 20 g mit Panko mischen. Garnelen mit Salz, Pfeffer und Chipotle-Chili würzen, dann in Mehl, Ei und der Panko-Mischung wenden.

2. Eine grilltaugliche, tiefe Pfanne mit so viel Pflanzenöl befüllen, das die Garnelen darin gerade schwimmen können. Wenn das Öl etwa 160 °C erreicht hat, die Garnelen goldbraun ausbacken und auf Küchenpapier abtropfen lassen.

3. Baguettebrötchen horizontal halbieren, aber nicht ganz durchschneiden. Die Brötchen von innen mit Texas-Ranch-BBQ-Sauce bestreichen, einige Salatblätter und Gurkenscheiben hineingeben, dann die Garnelen. Mit der restlichen BBQ-Sauce, Fruity Pebbles und mit Limettensaft toppen. Wunderbar!

Zubereitungszeit:	30 Minuten
Du brauchst:	Eine grilltaugliche tiefe Pfanne
Beer:	Belgisches Farmhouse Ale
Wine:	Wild White West, Weißburgunder
Whiskey:	Basil Hayden's

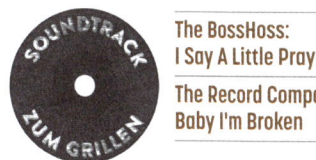

The BossHoss:
I Say A Little Prayer

The Record Company:
Baby I'm Broken

Mr. Bass Man

André »Guss Brooks« Neumann spielt Bass bei The BossHoss, aber manchmal auch in Nebenprojekten, mit denen er in kleinen Clubs unterwegs ist. Bei The BossHoss hat er noch einen weiteren wichtigen Job: Er ist der Mann hinter dem Fanclub, den Stallion Troopers.

WILLKOMMEN IM CLUB

Im Oktober 2009 gründeten wir unseren Fanclub. Auf www.stalliontroopers.com kann man sich registrieren und da erfährt man alle News zur Band, zu unseren Konzerten und bekommt einen Blick hinter die Kulissen. Aktuell sind im Fanclub über 3000 Leute angemeldet. Manche sind im Forum sehr aktiv, andere wollen vor allem über die Tourdaten auf dem Laufenden sein und manche sind die eher stillen Gäste, die vor allem unser Starter-Package wollen. Das beinhaltet ein T-Shirt mit zwei coolen exklusiven Motiven zur Auswahl und einen geilen Aufnäher für die Jeansjacke. Immer wenn wir auf Tour sind, steigt hier die Nachfrage stark an. Und ich bin der Mann hinter der Website. Das ist mein Beitrag für die Band neben dem Bass-Spielen. Ich poste dort alle News zur Band und veranstalte Gewinnspiele und Aktionen. Natürlich bin ich da nicht ganz allein, es gibt noch einen Webmaster und Steffie, unsere Moderatorin. Klar, ein Fanclub, das klingt in Zeiten von Social Media schon ein bisschen oldschool, aber es hat auch seine Vorteile. Bei uns gibt es keine Hatespeech, die Leute können sich vernetzen, austauschen und auch Gedanken und Bilder teilen, die eben nicht für alle einsehbar sind und auch von uns moderiert werden. Da entstehen schon echte Verbindungen untereinander, aber auch mit uns als Band. Viele der Mitglieder im Fanclub kennen sich inzwischen auch persönlich, organisieren Fahrgemeinschaften zu Konzerten und treffen sich bei den Gigs oder den Sonderevents. Eine unserer beliebtesten Aktionen ist es, Plätze für den Soundcheck zu verlosen. Da können die Troopers sehen und hören, was vor der Show passiert, mit uns Bandmitgliedern ins Gespräch kommen und natürlich auch Selfies mit uns schießen. Ein großer Vorteil für die Teilnehmer dieser Aktionen: Sie dürfen später gleich in der Halle bleiben oder bekommen einen Pre-Entry (zehn Minuten vor offiziellem Einlass), damit sie auch wirklich ganz vorne an der Bühne stehen können. Das machen wir für 40 bis 50 Leute, und die werden von unserem Team persönlich betreut. In der Regel gibt es zum Abschluss ein schönes Gruppenbild für alle. Und klar, die Security checkt die Gäste vorher genau: Sind das auch wirklich die Leute von der Gewinnerliste, haben wir die Namen? Oft kennen wir uns allerdings bereits, wie gesagt, da bestehen langjährige Beziehungen.

HÖRT DOCH SCHON MAL REIN

Was ebenfalls bei unseren Fans super ankommt, sind unsere Prelistening-Sessions. Da können Fans unser neues Album etwa zwei Wochen vor dem offiziellen Release hören. Bei »Electric Horsemen« hatten wir 50 Troopers zum Album-Prelistening bei uns im Studio. Wir alle von der Band haben uns einen Nachmittag bis spätabends Zeit genommen, den Leuten die neuen Songs vorgespielt, es gab ein bisschen was zu trinken und zu essen, sodass es ein richtig gemütlicher Abend wurde. Bei solchen Events bekommen wir sehr direktes Feedback, wie die Fans unsere neuen Songs finden. Ich glaube, das machen nicht viele Bands, denn oft ist das ein bisschen schwierig wegen Geheimhaltungsklauseln vonseiten der Plattenfirma.

Wir sind da ganz entspannt und machen uns keine Sorgen, dass jemand etwas mitschneidet. Aber wir kontrollieren bei solchen Terminen schon die Personalausweise und sammeln die Handys ein. Ist ja auch mal schön – eine handyfreie Zone. Die Fans sind ehrlich zu uns und sagen

Man hilft sich untereinander! Nach einem Schaden am eigenen Kontrabass konnte ich kurzfristig den Bass von Bernie von Smockestack Lightning ausleihen. Passend dazu hatte ich sogar das T-Shirt der Band im Gepäck.

uns auf so einer Session durchaus auch mal, wenn ihnen ein Song nicht so gefällt und warum. Das ist völlig okay, denn wir wollen ja nicht, dass uns alle nur pleasen. Wir hören da genau hin und quatschen ganz offen mit den Troopers, erklären auch mal, warum wir etwas so und nicht anders gemacht haben und was wir uns dabei gedacht haben. Oft ist es ja sowieso der Fall, dass etwas nur beim ersten Hören ungewohnt oder anders klingt. Das kennt man ja bei sich selbst, dass sich ein Song mit erneutem Hören verändert, dass man erst langsam die interessanten Details entdeckt. Jedenfalls ist uns dieser Austausch wichtig und am Ende sind wir happy,

wenn für jede und jeden beim neuen Album etwas dabei ist.

Wenn man auf seine Fans nicht hört, verliert man wahrscheinlich die Bodenhaftung. Deswegen kümmern wir uns auch persönlich um unseren Fanclub und überlassen das nicht irgendeiner externen Agentur. Manchmal ist das für mich echt aufwendig, denn eine Community muss schon gepflegt werden, aber zum Glück ist es auch nicht so wie bei Facebook oder Instagram, wo man täglich neue Statements, Bilder oder Videos abliefern muss, um auch ja im Gespräch zu bleiben. Ich denke, unsere Fans verstehen es, dass wir nicht ständig brandheiße News raushauen, wenn es in Tourpausen eben mal nicht so viel zu berichten gibt. Die Troopers hängen wahrscheinlich eh nicht den ganzen Tag auf Social Media rum und wir sind auch keine Teenager-Band.

NEUE RAHMEN-BEDINGUNGEN

In der Nach-Coronazeit hat sich so einiges verändert. Viele Konzerte wurden verschoben und nachgeholt. Dass unsere Fans heute noch alle da sind, dass sie die Tickets der abgesagten Konzerte behalten haben und nicht zurückgegeben haben, das schätzen wir sehr. Es ist gut zu wissen, dass wir uns auf unsere Fans verlassen können. Und jetzt haben wir aktuell neue Herausforderungen. Aufgrund der politischen Weltlage hat sich die Kostenstruktur massiv verändert. Das betrifft uns als Band, unsere ganze Crew, aber natürlich auch unsere Fans. Wenn Energiekosten, Personalkosten oder auch die Preise für den Nightliner so massiv steigen, hat das eben auch Auswirkungen auf die Ticketpreise. Und dann ist es halt am Ende ganz simpel so: Der eine gut verdienende Fan kann sich noch viele große Konzerte leisten, der andere eben nicht mehr und geht dann halt nur zu drei statt zu sechs Konzerten im Jahr. Wir haben das im Blick, bei den Ticketpreisen, aber vor allem auch dahingehend, was wir als Band für ein Liveerlebnis bieten. Das soll natürlich unvergesslich sein.

Bei der letzten Tour hätten wir gerne noch viel größere Special Effects und Bühnenbilder gehabt, aber das war finanziell wegen der Kostenexplosion einfach nicht möglich. Also musste unser Technikteam genau schauen: Was ist möglich, was ist ein guter Kompromiss, was erwarten unsere Besucher für ihr Ticketgeld? Da kann ich nur sagen, dass unsere Technikleute einen Spitzenjob geleistet haben, denn unsere Fans waren sehr happy mit der Tour.

Eine Botschaft, die ich aus den schwierigen letzten Jahren mitgenommen habe: Wir können uns auf

unsere Fans verlassen. Danke! Und ein wesentlicher Bestandteil unserer engen Verbindung zu unseren Fans ist eben der Fanclub. Wir bekommen direktes Feedback, die Leute vernetzen sich und verstehen sich als Gemeinschaft.

NOCH NIEMALS IN NEW YORK

Der direkte Kontakt zum Publikum ist mir immer wichtig, und das gilt nicht nur für The BossHoss. Ich spiele auch noch in einer anderen Band, wo ich mit alten Freunden zusammen eher in kleinen Clubs und auf Festivals auftrete. Mit den Blind Bankers machen wir Mash-ups und spielen dann zum Beispiel »Ich war noch niemals in New York« mit fettem ZZ-Top-Sound. Wir fahren dann wie damals vor 20 Jahren selbst mit einem Sprinter durch die Gegend und treten zum Teil in Clubs auf, wo wir vor vielen Jahren als The BossHoss mal angefangen haben. Das ist schon ein Déjà-vu. Aber ein gutes. Und natürlich gibt es so einen Running Gag, dass ich am Ende des Konzerts als Dauerleihgabe von The BossHoss vorgestellt werde. Ich genieße dieses Nebenprojekt sehr, um eben nicht aus der Übung zu kommen in den Phasen, wo wir mit The BossHoss

nicht touren. Egal ob mit unserer kleinen Band oder mit The BossHoss, ich weiß genau, was wir den Menschen verdanken, die zu unseren Konzerten kommen – als Musiker alles. Die Fans sind die Basis, auf der wir aufbauen, auf die wir uns verlassen können. Das ist nicht selbstverständlich.

Wenn ich zurückdenke an unseren USA-Aufenthalt mit The BossHoss, da werde ich sowieso demütig, denn da haben wir in jedem Club Topkünstler erlebt, die in einem brutalen Konkurrenzumfeld stehen und sich an jedem Abend ihr Publikum neu erspielen müssen. Die Leute kommen da nicht einfach wegen dir in den Laden, sondern schauen einfach mal, was da so an dem Abend geboten wird. Also müssen die Künstlerinnen und Künstler wirklich was auf der Pfanne haben, denn wenn du es nicht schaffst, mit deiner Musik Geld zu verdienen, dann hast du nix zu essen und keine Wohnung.

Das ist in den USA noch einmal eine ganz andere Hausnummer als bei uns in Deutschland. Auch deswegen bin ich froh, dass wir uns als Band mit unseren Fans zusammen eine solche Vertrautheit erarbeitet haben, die uns die Sicherheit gibt, dass auch wirklich viele Leute zu unseren Konzerten kommen. Und damit geht ein großes Dankeschön raus an unsere Fans! Wir verlassen uns auf euch, ihr seid die Besten!

SWEETS

...it's not over,
before it's over...

Tupelo honey

SWEETS
My Way
Waffle-Pops

Beim Pimpen der Waffeln gibt es keine Grenzen.

Für den Waffelteig
- 80 g Butter, zimmerwarm (wichtig!)
- 80 g Zucker
- 2 Eier, Größe M
- ¼ Päckchen Backpulver
- 160 g Mehl
- 1–2 EL Milch
- 1 Prise Salz
- etwas Butter für die Form

Zum Garnieren
- 200 g Bitterschokolade
- 20 g Fruity Pebbles oder getrocknete Himbeeren oder beides

1. Butter mit Zucker mit einem Handrührer cremig aufschlagen. Nacheinander die Eier unterrühren. Backpulver und Mehl vermischen und unter den Teig heben. Mit Milch und Salz zu einem glatten Teig verarbeiten.

2. In einer grilltauglichen, kleinen Schüssel die Schokolade am Grillrand schmelzen lassen. Aufpassen, sie darf nicht zu heiß werden. Sicherer ist ein heißes Wasserbad.

3. Grilltaugliches Waffeleisen erhitzen, buttern und mit der Hälfte des Teiges befüllen. Auf dem Grill je nach Hitze 8–10 Minuten backen. Mit dem restlichen Teig genauso verfahren.

4. Waffeln längs in 8 Streifen schneiden, je 1 Holzspieß hineinstecken und in die Schokolade tauchen. Mit Fruity Pebbles oder getrockneten Himbeeren garniert servieren.

Zubereitungszeit:	30 Minuten
Du brauchst:	Ein grilltaugliches belgisches Waffeleisen, 8 Holzspieße, einen grilltauglichen kleinen Topf und eine passende kleine Schüssel

Beer:	Brown Ale
Wine:	Wild White West, junger Chardonnay ohne Holz
Whiskey:	The Whistler Oloroso Sherry Irish Whiskey

SOUNDTRACK ZUM GRILLEN

The BossHoss:
My Way

Muddy Waters:
Mannish Boy

NY-Cheesecake vom Grill mit Pistazien-Topping

Was unterscheidet den NY-Chcesecake von einem anderen Cheesecake? NY-Style ist mit Keksboden und Frischkäse, der macht den Kuchen fluffiger als die Käse-Quark-Mischung.

Für den Cheesecake
- 50 g Butter
- 130 g Butterkekse
- 450 g Frischkäse
- 80 g Mascarpone
- 3 Eier, Größe M
- 120 g Zucker
- 1 Prise Salz
- 1 TL Limettenabrieb
- 50 g Mehl (bei Bedarf)

Für das Topping
- 30 g gehackte Pistazien

1. Butter in einer grilltauglichen kleinen Schüssel auf dem Grill auslassen. Butterkekse in einem Universalzerkleinerer zerkrümeln, mit der flüssigen Butter glatt rühren und in die mit Backpapier ausgelegte Form drücken. Im Kühlschrank 15 Minuten fest werden lassen.

2. Frischkäse, Mascarpone, Eier, Zucker, Salz und Limettenabrieb verrühren. Sollte der Teig zu flüssig sein, etwas Mehl unterheben.

3. Den Teig auf den Keksteigboden geben und auf dem Grill mit geschlossenem Deckel bei 180 °C indirekt circa 20–25 Minuten backen. Den Cheesecake vor dem Servieren vollständig auskühlen lassen und mit gehackten Pistazien garnieren.

Zubereitungszeit:	45 Minuten inklusive Kühlzeit für den Boden, mindestens 2 Stunden Auskühlzeit nach dem Backen
Du brauchst:	Grilltaugliche Backform und Schüssel, Backpapier, Universalzerkleinerer
Beer:	Chocolate Stout
Wine:	Beerenauslese
Whiskey:	Bushmills »Black Bush« Irish Whiskey

The BossHoss:
My Country

Dean Martin:
That's Amore

Ride with us

LOUISIANA-MUFFINS MIT NÜSSEN UND KOKOSFLOCKEN

Der Louisiana Cake von Oma, modern interpretiert,
und beim Topping ist jede Nussmischung erlaubt.

Für die Muffins
- 100 g Zucker
- 150 Butter, zimmerwarm
- 1 Prise Salz
- 2 Eier, Größe M
- 150 g Mehl
- 80 g Kokosflocken
- ½ Päckchen Backpulver
- 130 ml Milch

Für das Topping
- 150 g Puderzucker
- 4–5 TL Zitronensaft
- 100 g grob gehackte Nüsse, z. B. Cashew und Macadamianüsse

1. Zucker, Butter und Salz schaumig aufschlagen. Nacheinander die Eier dazugeben. Mehl, Kokosflocken und Backpulver vermischen und unter die Buttermischung heben. Mit Milch zu einem glatten Teig verrühren.

2. Backpapier in 13 × 13 cm große Quadrate schneiden und die grilltaugliche Muffinform damit auskleiden. Den Teig darin verteilen und auf dem Grill mit geschlossenem Deckel bei 180 °C circa 30 Minuten backen. Muffins auf einem Gitter vollständig auskühlen lassen.

3. In dieser Zeit Puderzucker mit Zitronensaft verrühren. Nüsse auf dem Grill in einer kleinen, grilltauglichen Pfanne rösten. Muffins mit dem Zuckerguss glasieren, sofort mit den Nüssen toppen und servieren.

Zubereitungszeit:	45 Minuten
Du brauchst:	Grilltaugliche 6er-Muffinform, Backpapier und einen Handrührer sowie eine grilltaugliche Pfanne
Beer:	Hefeweizen
Wine:	Eiswein
Whiskey:	Benromach Aged 10 Years

The BossHoss:
Ride With Us

Joe South:
Hush

SWEETS
Electric
APPLE COBBLER
HOT AND COLD

What is that? Der Cobbler ist mit Teig überbackenes Obst.
Der Crumble hingegen ist mit Streuseln überzogenes Obst.

Für den Apple Cobbler
- 4 Äpfel
- Saft von 1 Zitrone
- 200 g Mehl
- 120 g Butter, zimmerwarm
  + 20 g Butter für die Form
- ¼ Päckchen Backpulver
- 1 Prise Salz
- 120 g Zucker
- 130 g Crème fraîche
- 30 g gehobelte Haselnüsse
- 1 EL brauner Zucker
- 30 g Puderzucker
- 100 ml Karamellsauce
- 4 Kugeln Vanilleeis

1. Äpfel vierteln, entkernen, in dünne Scheiben schneiden und mit Zitronensaft beträufeln. Aus Mehl, Butter, Backpulver, Salz, Zucker und Creme fraîche einen glatten Teig herstellen.

2. Apfelspalten in eine gebutterte, grilltaugliche Auflaufform geben, mit Haselnüssen und braunem Zucker bestreuen und mit Teig abgedeckt auf dem Grill mit geschlossenem Deckel bei 180 °C circa 25–30 Minuten backen.

3. Den heißen Cobbler mit Puderzucker bestreuen und mit Karamellsauce und Vanilleeis servieren.

Zubereitungszeit:	40 Minuten
Du brauchst:	Eine grilltaugliche Auflaufform
Beer:	Belgisches Tripel-Bier
Wine:	Western White, Riesling Kabinett
Whiskey:	Booker's Bourbon

The BossHoss:
Electric Horsemen

The Sonics:
Have Love Will Travel

SWEETS

What would a Woman do
BBQ PINEAPPLE STICKS

Manchmal kann es auch ganz easy sein. Süß und scharf geht immer.

Für die Sticks
- ½ Ananas
- 2 Bio-Limetten
- 100 g brauner Rohrzucker
- 2 cl Rum
- Meersalzflocken
- ½ TL Chiliflocken

1. Ananas schälen, rundherum die »Augen« mit einem Messer entfernen und längs in 8 Sticks schneiden und jeweils 1 grilltauglichen Spieß hineinstecken. Limetten halbieren. Ananas-Sticks von beiden Seiten zuckern und mit den Limettenhälften auf dem Grill direkt 4–5 Minuten kräftig grillen. Wir wollen Grillaroma!

2. Zum Servieren die Ananas-Sticks mit Limettensaft und Rum beträufeln, Meersalzflocken und Chiliflocken darüberstreuen und genießen.

Zubereitungszeit:	20 Minuten
Du brauchst:	8 grilltaugliche Spieße
Beer:	Berliner Weiße
Wine:	Wild White West, junger Chardonnay ohne Holz
Whiskey:	Ballantine's Finest Whisky

The BossHoss:
What Would A Woman Do

The (International)
Noise Conspiracy:
Smash It Up

SWEETS

Nice But No
S'MORES

Darf es etwas mehr sein? Hier eine klassische Basic-Ausführung. Was die Amerikaner nicht alles feiern … am 10. August ist National S'mores Day.

Für die S'mores
- 16 Haferkekse oder Butterkekse
- 8 Ecken dünne, dunkle Schokolade
- 8 Marshmallows

1. Auf 8 Haferkekse je 1 Stück Schokolade und 1 Marshmallow geben und auf einer Plancha auf dem Grill indirekt mit geschlossenem Deckel bei 180 °C etwa 2–3 Minuten schmelzen lassen, je 1 Keksdeckel daraufle-gen und sofort warm genießen.

Zubereitungszeit:	10 Minuten
Du brauchst:	Eine Plancha
Beer:	Imperial Stout
Wine:	Western White, Banyul
Whiskey:	Tennessee S'mores Whiskey

The BossHoss:
Nice But No

Hot Boogie Chillun:
No One Will Ever Know

BEHIND THE SCENES

Die Band sieht man auf der Bühne. Damit das passiert, braucht es ein paar Leute im Hintergrund, die sich darum kümmern, dass ein Konzert überhaupt stattfinden kann. Dazu gehören Sophie Kammann und Lucas Sehnert vom Management von The BossHoss und Roland Beckerle, der technische Leiter der Liveevents.

360 GRAD

Sophie: Management bei The Boss-Hoss bedeutet eine 360-Grad-Betreuung, maximale Flexibilität und einen sorgsamen Blick fürs Ganze. Da gibt es ganz vorneweg die persönliche Ebene: Egal, was für ein Anliegen die Bandjungs haben – bei mir finden sie immer ein offenes »Ganztags-Ohr«. Was immer es sein möge, ich bin am

Start. Wir kennen uns seit vielen Jahren und sind zu einer großen Familie zusammengewachsen. Ein gutes Gefühl, welches wiederum auch Energie für die geschäftliche Ebene gibt. Ich kümmere mich um Terminangelegenheiten, Businesspartner und vertragliche Dinge. Das jeweilige Finden des perfekten Livepartners gehört beispielsweise zu diesen Aufgaben. Hier ist es wichtig, in intensive Gespräche zu gehen und sich klar zu werden, wie man die Tour strategisch aufstellen

möchte und wer am besten zum Bandkonzept passt. In dieser Hinsicht gibt es unfassbar viele Dinge, die zu beachten sind: Von der Anzahl der Termine über die Größen der Hallen bis hin zu den Konditionen, alles muss am Ende passen. Tourplanung ist komplex und kann – von der Idee bis zum ersten Konzert – durchaus auch mal zwei Jahre dauern. Eine große Zeitspanne, die mit langjährigen Businesspartnern auch oft persönliche Momente kreiert, was sehr schön ist.

Eins kann ich auf jeden Fall behaupten: Ohne Musik und Herausforderungen zu lieben, kann man diesen Job nicht machen! Aber auch ohne eine gewisse Neugierde auf Menschen und zeitliche Flexibilität wäre man hier am falschen Ort. Für mich ist es deshalb ganz klar Berufung statt Beruf! Und es ist immer wieder aufs Neue herausfordernd. Im Livebereich arbeite ich vor allem mit unserem technischen Leiter Roland zusammen.

Die Ideen für die Show hat in der Regel Alec. Roland bespricht dann mit ihm, der Band und mir, was bezahlbar ist, was sinnvoll ist und vor allem auch, was technisch umsetzbar ist.

TEAMWORK

Roland: Das einfachste Beispiel wäre: Wenn man eine Bühne mit 30 Metern Breite plant und weiß dass eine der Hallen auf der Tour nur 20 Meter breit ist, dann muss man das in die Planung miteinbeziehen. Wenn wir Pyrotechnik verwenden, müssen wir genau überlegen, wie hoch die einzelnen Hallen sind, aus welchem Material das Hallendach ist und Ähnliches. Zum Glück kenne ich aus meinen über 45 Jahren Bühnenerfahrung – meine erste Tour war mit Nina Hagen

1977 – fast alle Hallen, die für solche Konzerte infrage kommen, und weiß schon im Vorfeld, was realistisch ist. Die technischen Details für die Umsetzung eines Konzepts kommen von mir und Sophie hat den Hut auf, was das Budget angeht. Oft müssen wir auch mit den Suppliern lange hin und her verhandeln, bis wir uns einig sind über technische Ausstattung, Showeffekte und Bühnenbild. Aber in der Regel finden wir da sehr gute Kompromisse. Was auf der Bühne passiert, besprechen wir im Team, vor allem auch mit unserem Licht-Designer Jonas König. Und natürlich müssen wir das technische Konzept in einer Art

In Wien bei der Award-Übergabe von Universal Österreich zur Platte »Flames Of Fame«.

Generalprobe mit der Band durchprobieren. In der Regel haben unsere Supplier auch Probehallen, wo wir den Aufbau probeweise umsetzen und das alles mit der Band einmal durchspielen und schauen können, wo wir noch etwas anpassen müssen.

Ich berate die Band aber nicht nur hinsichtlich der technischen Gegebenheiten, sondern auch bei der Manpower: Wie viele Leute brauchen wir, um das zu stemmen, was auf der Bühne und jenseits der Bühne passiert? Hier geht es um Techniker, Fahrer, Security, Leute für die Kontrolle der Eintrittskarten, Reinigung, Catering. Wir haben ein eigenes Team mit etwa 40 Leuten auf Tour im Einsatz und dazu kommen noch mal ungefähr 60 Personen für die Aufgaben vor Ort dazu. Ich bin letztendlich der Verantwortliche, auch wenn klar ist, dass manche meiner Leute bestimmte Sachen inzwischen besser können als ich. Das Geheimnis ist, dass man seine Mannschaft richtig zusammenstellen muss. Mit einer Fußballmannschaft ohne Trainer, aber mit elf Ronaldos gewinnst du keine Weltmeisterschaft. Das muss ein Team sein, die richtigen Leute müssen an der richtigen Position sein und nur dann kann das klappen. Ich erwarte viel von den Leuten, die in meinem Team arbeiten, aber ich bin auch immer ansprechbar, wenn es Probleme gibt oder jemand Sorgen hat.

VOR DER TOUR IST NACH DER TOUR

Lucas: Seit ein paar Jahren betreue ich das Tourmanagement – das ist ein wenig wie gutes BBQ. Gute Vorbereitung und Schritt für Schritt die Arbeitsabläufe durchgehen, dann wird der Abend »well done«. Als Tourmanager setzt man sich ein wenig ins gemachte Nest und muss vor Ort eigentlich »nur« schauen, dass die ganzen Abläufe eingehalten werden und die Timings passen. Hier gibt es eine To-Do-Liste, mit der eigentlich nichts schief gehen sollte: Sind alle Leute beim Soundcheck? Kennen alle die Tagesabläufe? Hat der Veranstalter die Setlist für die GEMA, gibt es Presseanfragen, ist die Vorgruppe am Start, sind die Kostüme da, ist die Gästeliste komplett, und und und ... Wenn es dann noch genug kaltes Bier vor Ort gibt und die Kollegen vom Catering was Feines auf den Tisch zaubern, dann steht dem perfekten Konzertabend nichts im Wege.

Nach der Tour gibt es eigentlich wenig Verschnaufpause und man tauscht das wilde Tourleben gegen die vermeintlich ruhige Büroidylle aus. Ruhig ist es nicht, denn jetzt kommen Abrechnungen, Kooperationen, Promotion- & Marketingkoordination und all die weiteren Aufgabenbereiche, die das Management einer solchen Truppe mit sich bringt. Diese Aufgaben müssen abgearbeitet werden, damit sich die Fans und die Band auf die nächste Tour freuen können.

100 PROZENT HERZBLUT

Roland: Für mich ist vor allem wichtig, dass man den Job im Livebusiness mit Herzblut macht. Das verlangt viel

Beim Playboy-Shooting 2012 in der Mojave-Wüste, Nevada.

Lucas bei einer kurzen Pause backstage.

Einsatz zu ungewöhnlichen Arbeitszeiten, aber es ist eben auch ein Job, in dem man viel erlebt. Man ist jeden Konzertabend aufs Neue dafür verantwortlich, dass so ein großes Event gelingt – für die Band, aber vor allem auch für das zahlreiche Publikum, das sich Karten gekauft hat und ein paar tolle Stunden erleben will. Ich glaube schon, dass so ein Job ohne Begeisterung und ohne Leidenschaft für Musik überhaupt nicht möglich ist.

In meiner Anfangszeit waren wir einfach Rock 'n' Roller, Enthusiasten, und haben alles mit Herzblut gemacht. Wir haben gar nicht viel nachgedacht über unseren Job. Heute ist das ein festes Berufsbild als Veranstaltungstechniker, auch ein Lehrberuf. Das ist viel regulierter als früher, was vielleicht auf den ersten Blick so gar nicht nach Rock 'n' Roll klingt, aber es hat auch entscheidende Vorteile. Es passieren heute viel weniger Unfälle als früher, die Gehaltsstrukturen sind besser. Trotzdem ist die Motivation nicht zu ersetzen.

Für mich als alten Hasen sind die Veränderungen schon deutlich. Früher waren auf Tour Arbeitstage mit 18 Stunden nichts Außergewöhnliches, das gibt es heute einfach nicht mehr wegen dem Arbeitsschutzgesetz. In meinem Berufsbild hat sich auch technisch vieles geändert. In meinen Anfangstagen in den späten 70er-Jahren und frühen 80er-Jahren haben wir noch gestaunt, wenn man uns ein Bühnenbild per Fax aus USA oder Großbritannien zugeschickt hat. Heute ist vieles komplett durchdigitalisiert. So gibt es zum Beispiel bei vielen Hallen genau definierte Presets für das Mischpult, damit der Sound auch wirklich zur Halle passt. Das ist wichtig, denn wenn zum Beispiel eine Halle sehr tief ist, dann brauchst du in der Mitte der Halle noch mal Boxen, die den Sound ein wenig zeitverzögert liefern, damit das dann eben auch für alle gut klingt.

Und so perfekt vieles heute erscheint, es gibt doch immer wieder Herausforderungen. Technische Geräte gehen auch mal kaputt, aber inzwischen haben wir alle so viel Erfahrung, dass wir das schnell geregelt bekommen oder vor Ort Ersatz-

Stressig, aber ein Superjob – auch nach Jahrzehnten im Livebusiness noch keine Spur von Langeweile.

teile organisieren können. Bislang ist jedenfalls noch nie ein BossHoss-Konzert ausgefallen. Einmal ging uns unterwegs ein Truck kaputt und wir mussten mitten in der Nacht den Hänger an eine andere Zugmaschine bringen, die natürlich auch erst mal hingefahren werden musste. Und einmal stellte der Motor des Nightliners den Betrieb ein, sodass alle zusammen in einem normalen Bus weiterfahren mussten. Da muss man einfach einen kühlen Kopf bewahren und schauen, was jetzt die richtige Lösung

ist. Das Schöne an meinem Job und an der ganzen Tourvorbereitung und Bühnentechnik: Wenn du es mit Herzblut machst, dann ist das wirklich erfüllend. Vor allem, wenn du mit einer Band zusammenarbeitest, die auf der Bühne nicht einfach einen Job abliefert, sondern jeden Abend mit voller Energie das Publikum erneut begeistert. Da vergisst du dann schon, wie viel Mühe es gemacht hat, die Bühne und die Technik einzurichten.

Nach der Show ist immer vor der Show. Während die Künstler in der Garderobe feiern, sind wir schon beim Abbau. Was wir morgens ab acht Uhr in sechs Stunden Arbeit hingestellt haben, bauen wir nach der Show in drei Stunden wieder ab und verstauen alles in den Trucks. Das ist alles sehr genau durchdacht und geht sehr schnell. Und dann sind wir nachts auf der Autobahn und fahren zum nächsten Ort und das Spiel beginnt morgens erneut. Also sechs Stunden Aufbau, dann Linecheck mit den Instrumenten, Soundcheck mit der Band und dann müssen wir auch die Bühne für den Support-Act frei machen. Die fest eingespielte Routine in einem beständigen Team hilft uns, diese komplexen Aufgaben schnell zu bewältigen. Und dann freue ich mich jedes Mal aufs Neue, wenn die Band auf die Bühne geht und die Halle bebt.

RUBS AND DRINKS

RUB IT OR LEAVE IT

...Please show me
the way
to the next
Whiskey-Bar...

PIONEER RUB

Was zeichnet einen echten Pioneer Rub aus? Er muss in eine Satteltasche passen. Kaffee hat man immer dabei, also rein in den Rub.

Zutaten für 1 Rezept-anwendung

- 1 TL Salz
- 1 TL frisch gemörserter schwarzer Pfeffer
- 2 TL Paprikapulver
- 2 TL brauner Rohrzucker
- 3 TL Kaffeebohnen, feinst gemahlen, z. B. in einem Universalzerkleinerer
- 1 TL Knoblauchpulver
- 1 TL Zwiebelpulver
- 1 TL getrockneter Thymian

Alle Zutaten gut miteinander vermischen. Entweder direkt verwenden oder in einem Schraubglas kühl und trocken aufbewahren. Brauchst du mehr, nimm einfach die doppelte oder dreifache Menge.

Zubereitungszeit:	10 Minuten
Du brauchst:	Universalzerkleinerer oder Mörser, ein Schraubglas

MAGIC DUST RUB

Kein BBQ ohne die ultimative Geheimwaffe des Magic Dust.
Dieser Rub passt zu allen Fleischsorten.

Zutaten für 1 Rezept-anwendung

- 2 TL Cayennepfeffer
- 4 TL brauner Rohrzucker
- 1 TL Chiliflocken
- 1 TL gemahlener Kreuzküm-mel
- 4 TL geräuchertes Paprika-pulver
- 2 TL Senfpulver
- 2 TL Salz
- 2 TL frisch gemörserter schwarzer Pfeffer

Alle Zutaten gut miteinander vermischen. Entweder direkt verwenden oder in einem Schraubglas kühl und trocken aufbewahren. Brauchst du mehr, nimm einfach die doppelte oder dreifache Menge.

Zubereitungszeit:	10 Minuten
Du brauchst:	Universalzerkleinerer oder Mörser, ein Schraubglas

MEMPHIS-BBQ-SAUCE

Eine Memphis-BBQ-Sauce braucht auf jeden Fall Raucharoma.

Zutaten für ca. 450 ml BBQ-Sauce

- 500 ml stückige Tomaten
- 1 TL Rauchsalz
- 1–2 TL Salz
- 1 TL frisch gemahlener schwarzer Pfeffer
- ½ TL Chiliflocken
- 3 TL brauner Rohrzucker
- 4 TL Honig
- 1 TL Zwiebelpulver
- 1 TL Knoblauchpulver
- 2 EL Worcestersauce
- 1 TL Senf
- 3 TL Apfelessig
- 1 TL gemahlener Kreuzkümmel
- einige Tropfen Liquid Smoke
- 3 EL Ketchup
- 1 Schuss Olivenöl

1. Alle Zutaten bis auf Ketchup und Olivenöl in einem Topf gut verrühren und bei kleiner Hitze 30 Minuten köcheln lassen. Dabei immer wieder umrühren.

2. Ketchup und Olivenöl dazugeben, noch mal 4–5 Minuten köcheln lassen, wenn nötig, noch mal mit Salz und Pfeffer abschmecken und direkt in ein Schraubglas abfüllen. Vollständig auskühlen lassen, fertig.

Zubereitungszeit:	40 Minuten
Du brauchst:	Der Topf muss nicht grilltauglich sein, wir kochen die Saucen auf dem Herd, ein Schraubglas

TEXAS-RANCH-BBQ-SAUCE

Keine Texas-Ranch-BBQ-Sauce ohne Buttermilch.

Zutaten für ca. 200 ml BBQ-Sauce

- 3 Frühlingszwiebeln
- 4 EL Mayonnaise
- 1 EL saure Sahne
- 80 ml Buttermilch
- 2 EL gehackte glatte Petersilie
- 2 EL gehackter Dill
- 1 TL Apfelessig
- 1 TL getrockneter Oregano
- ½ TL Knoblauchpulver
- 1 TL Worcestersauce
- Salz
- frisch gemahlener schwarzer Pfeffer

Frühlingszwiebeln in feine Ringe schneiden und mit den restlichen Zutaten gut vermengen. Die Sauce sollte nicht zu dick in ihrer Konsistenz sein. Wenn nötig, noch etwas Buttermilch hinzugeben. Kräftig mit Salz und Pfeffer abschmecken und direkt verwenden.

Zubereitungszeit:	15 Minuten
Du brauchst:	Eine kleine Rührschüssel

KANSAS-STYLE-BBQ-SAUCE

Kansas-Style auf jeden Fall mit Melasse.

Zutaten für ca. 500 ml BBQ-Sauce

- 100 g Ketchup
- 110 g Melasse
- 500 ml passierte Tomaten
- 1 TL geräuchertes Paprikapulver
- ½ TL Zimtpulver
- ½ TL Chiliflocken
- 15 g Apfelessig
- ½ TL Selleriesaat
- 1 EL brauner Rohrzucker
- 1–2 TL Salz
- ½ TL frisch gemahlener schwarzer Pfeffer
- einige Tropfen Liquid Smoke

Alle Zutaten gut miteinander vermengen und 20–25 Minuten bei kleiner Hitze köcheln lassen. Sofort in ein Schraubglas füllen und bis zur Verwendung vollständig auskühlen lassen.

Zubereitungszeit:	**30 Minuten**
Du brauchst:	**Ein Schraubglas**

DOS BROS-BBQ-SAUCE

Natürlich mit vielen mexikanischen Zutaten. Ganz wichtig: Diese BBQ-Sauce ist auch zum Dippen geeignet, aber ihre Stärke liegt eindeutig beim Marinieren, Einpinseln und Weiterverarbeiten.

Zutaten für ca. 600 ml BBQ-Sauce

- 15 g getrocknete Ancho-Chili
- 30 g getrocknete und geräucherte Chipotle-Chili
- 200 ml kochendes Wasser
- 35 g mexikanischer unraffinierter Rohrzucker
- 80 g mexikanische Trinkschokolade
- 500 ml passierte Tomaten
- 200 g Zuckerrübensirup
- 2 TL Meersalz
- frisch gemahlener schwarzer Pfeffer
- 1 EL Rotweinessig
- einige Tropfen Liquid Smoke
- Saft von 2 Orangen
- 100 ml Whiskey

1. Ancho-Chili und Chipotle-Chili in kleine Stücke brechen und einen Großteil der Kerne entfernen. Die Chilistücke in einer Pfanne fettfrei kräftig anrösten, in eine Schüssel geben und mit kochendem Wasser übergießen. 10 Minuten quellen lassen.

2. Rohrzucker und Schokolade klein brechen, mit allen anderen Zutaten bis auf den Orangensaft und den Whiskey gut vermischen.

3. Eingeweichte Chilis in einem Standmixer mit Einweichwasser fein pürieren und zu der Saucenmischung geben. Die Saucenmischung bei kleiner Hitze 30 Minuten kocheln lassen, dabei immer wieder umrühren.

4. Nach 15 Minuten die Orangen in den Topf pressen. Nach 30 Minuten die BBQ-Sauce von der Hitze nehmen, den Whiskey unterrühren und die Sauce sofort in ein Schraubglas füllen. Bis zur Verwendung vollständig auskühlen lassen.

Zubereitungszeit:	50 Minuten
Du brauchst:	Standmixer, Schraubglas

COWBOY-CANDY »HOME MADE«

Eine tolle Mischung aus süß und würzig. Erst mal hergestellt, ist er vielfach einsetzbar, auf dem Burger, als Topping, zum Cracker oder zu geilen Backwaren, zum Pimpen ... einfach eine Geheimwaffe.

Zutaten für ca. 500 g Cowboy-Candy

- 20 frische Jalapeños
- 250 g Zucker
- 150 ml lieblicher Weißweinessig, für eine vegane Variante veganen Essig benutzen
- 1 TL Senfsaat
- 1 TL Selleriesaat
- ½ TL Kurkuma
- Salz
- frisch gemahlener schwarzer Pfeffer

1. Jalapeños halbieren, entkernen und in grobe Stücke schneiden. Alle anderen Zutaten in einem Topf vermischen und 10–12 Minuten bei kleiner Hitze zu einem Sirup einkochen.

2. Die Jalapeños in den Sirup geben und 2 Minuten kräftig mitkochen. Dann die Jalapeños mit einer Schaumkelle aus dem Sirup nehmen und in ein Schraubglas geben. Den Sirup noch mal für circa 5–6 Minuten einkochen lassen.

3. Sirup auf die Jalapeños geben und bis zur Verwendung vollständig auskühlen lassen. Der Cowboy-Candy hält sich im Kühlschrank in einem Schraubglas einige Tage.

Zubereitungszeit:	30 Minuten
Du brauchst:	Schaumkelle, Schraubglas

WHISKEY BACON JAM

Eine feine Marmelade, aber nur für die Großen. Sie schmeckt süßlich und salzig mit dem typischen Whiskey-Aroma. Allerdings sollte sie vorher immer etwas erwärmt werden, bevor sie zum Einsatz kommt. Schon wieder ein Tausendsassa zum BBQ.

Zutaten für ein großes Schraubglas

- 200 g Zwiebeln
- 500 g Bacon
- Olivenöl
- 3 EL brauner Rohrzucker
- 4 EL Ahornsirup
- 1 TL geräuchertes Paprikapulver
- ½ TL Chiliflocken
- ½ TL getrockneter Thymian
- ½ TL Knoblauchpulver
- 2 TL Apfelessig
- 1 TL Kaffeebohnen, feinst gemahlen, z. B. in einem Universalzerkleinerer
- frisch gemahlener schwarzer Pfeffer
- 4 EL Whiskey

1. Zwiebeln schälen und fein würfeln. Bacon in feine Streifen schneiden. Beide Zutaten in einer Pfanne oder in einem Topf mit 1 Schuss Olivenöl knusprig braten. Dann den Pfanneninhalt in ein Sieb geben und das Fett abtropfen lassen.

2. Dann alles wieder zurück in die Pfanne, alle weiteren Zutaten bis auf den Whiskey dazugeben und 3–4 Minuten weiterbraten. Dabei immer wieder durchrühren. Es sollte alles miteinander karamellisieren.

3. Whiskey Bacon Jam mit schwarzem Pfeffer verfeinern, vom Herd nehmen und den Whiskey einrühren. Der Whiskey Bacon Jam hält sich im Kühlschrank verschlossen einige Tage.

Tipp: Vor dem Gebrauch solltest du den Whiskey Bacon Jam leicht erwärmen, dann wird er wieder geschmeidig.

Zubereitungszeit:	20 Minuten
Du brauchst:	Sieb, Schraubglas

Gin Fizz mit Wassermelone und Huckleberry Gin

Dieser Gin Fizz ist etwas ganz Besonderes, nicht nur durch die fruchtige Melone, sondern auch durch den Gin mit dem Geschmack nach Wacholder und Blaubeere.

Zubereitungszeit: 10 Minuten
+ 2–3 Stunden Tiefkühlzeit für die Melone

Zutaten für 1 Longdrink
• 250 g Wassermelonenfruchtfleisch
• 6 cl Huckleberry Gin
• 2 cl Kokossirup
• Saft von ¼ Limette
• 1 Schuss Sodawasser
• 1 Minzblatt-Spitze
• einige frische Blaubeeren

1. Wassermelonenfruchtfleisch würfeln und mindestens 2–3 Stunden einfrieren. Gefrorene Melone in einen Standmixer geben, Gin, Kokossirup und Limettensaft dazugeben und aufmixen.

2. Gin Fizz in ein Longdrinkglas geben, mit Sodawasser auffüllen, mit Minze und Blaubeeren garnieren und sofort servieren.

Margarita mit Mezcal und Gurke

Margarita – hier mal mit Mezcal und natürlich Wurmsalz.

Zubereitungszeit: 15 Minuten

Zutaten für 1 Cocktail
• ¼ Gurke
• 1 Limette, Saft und zur Garnitur
• 2 TL Wurmsalz
• 6 cl Mezcal
• 2 cl Limettensaft
• 2 cl Cointreau
• Eiswürfel

1. Gurke in einem Standmixer fein pürieren, durch ein Sieb streichen und den Saft auffangen.

2. Ein Cocktailglas mit Limettensaft benetzen, Wurmsalz auf einen Teller geben und den Glasrand hineindrücken, sodass ein schöner Salzrand entsteht.

3. Gurkensaft mit Mezcal, Limettensaft, Cointreau und Eiswürfeln gut mixen und durch ein Sieb in das Cocktailglas geben. Mit 1 Limettenschnitz garniert servieren.

Cocktail Black Velvet

Ein schräger Klassiker ist zurück. Er kann natürlich auch aus anderen Gläsern getrunken werden.

Zubereitungszeit: 3 Minuten

Zutaten für 1 Sektflöte
• 10 ml Heidelbeerlikör
• 80 ml Guinness Extra Stout
• 90 ml Sekt

Heidelbeerlikör in eine Sektflöte geben. Guinness dazu und mit Sekt auffüllen. Fertig.

Sazerac zum Mardi Gras

Ein Verwandter des Old Fashion, der bei uns weniger bekannt ist, dennoch gehört er zu den Klassikern und wird in den Südstaaten gern zum Mardi Gras, dem Karnevalsdienstag, getrunken.

Zubereitungszeit: 5 Minuten

Zutaten für 1 Tumbler
• 1 Stück Würfelzucker
• 3 Spritzer Peychaud's Bitter
• Eiswürfel
• 60 ml Cognac
• 1 kleiner Schuss Absinth
• 1 Zitronenzeste

1. Zucker in ein Glas geben, den Bitter daraufträufeln und zerdrücken.

2. Eiswürfel und Cognac dazugeben und sehr gut verrühren.

3. Absinth in einen gut gekühlten Tumbler geben, mit der Cognacmischung durch ein Sieb ohne Eiswürfel auffüllen und mit Zitronenzeste servieren.

GOOD WINES ROLL!

Wer hätte es gedacht – zu Country und Rock 'n' Roll passen nicht nur Bier und harte Drinks, sondern auch ein guter Wein! Und genau deshalb haben wir uns einen kleinen Traum erfüllt: Unsere BadAss Winery bringt euch Rock-'n'-Roll-Weingenuss nach Hause und ans Lagerfeuer. Zu allen unseren BBQ-Gerichten (mit Ausnahme von Early Morning ...) findet ihr passende Weine aus unserer Signature-Edition, die wir zusammen mit dem fränkischen Winzer Markus Meier kreiert haben.

Die Basis sind drei einfache, aber feine Weine, die auf keiner Party fehlen sollten: Wild White West, Roséo Rodeo und Wanted Red Or Alive. Alle sind superfrisch, fruchtig elegant, saftig animierend und schreien förmlich nach dem nächsten Schluck! Und für alle Fans eines gepflegten BadAss-BBQs darf auch eine gehobene Selektion nicht fehlen: Western White & Country Red sind die fabelhaften Ergebnisse unserer exklusiven Kooperation mit Markus Meier. Diese Weine sind perfekte Begleiter zu würzigem Essen und natürlich zum Barbecue.

Mit den BossHoss-Weinen für jeden Anlass könnt ihr unvergessliche Genussmomente schaffen. Alles mit reinem Gewissen natürlich, denn die Weinproduktion von Markus Meier und seinem Team im schönen Südfranken steht ganz im Zeichen von Natur, Nachhaltigkeit und Biodiversität. In den Weinbergen wird konsequent biologisch gearbeitet. So muss es sein!

Check it out:

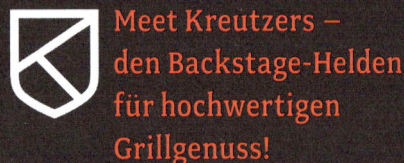

Meet Kreutzers – den Backstage-Helden für hochwertigen Grillgenuss!

Vor knapp zehn Jahren betraten wir die Bühne des Online-Lebensmittelhandels. Das – mit einer Mission so groß wie ein Festival und einem Geschmack so wild wie der Westen – nicht als Vorband, sondern direkt als Headliner.

Wir machen keine Kompromisse: Qualität ist unser Rhythmus, und Nachhaltigkeit unser Roadie auf dem wilden Ritt durch die Küchen und Gärten der Nation. Wir liefern nicht einfach nur Lebensmittel – wir liefern eine unvergessliche Show für die Geschmacksknospen deiner Familie und Freunde.

Ganz egal ob Vegetarier, Pescetarier oder Carnivore – wenn dein Grill brüllt, sind wir die, die ihm Futter geben. Vertrau wie Alec und Sascha auf das Beste vom Besten. Vertrau auf Kreutzers und rock dich durch unser Sortiment. Mit dem **Primecode: bosshoss** bekommst du dauerhaft Rabatte auf Lebensmittel, Drinks und Versandkosten.*

Wir freuen uns auf dich.
www.kreutzers.eu

* Für alle Besucher*innen unserer Website gilt: Primecode einfach bei der Neukundenregistrierung im dafür vorgesehenen Feld eintragen oder nachträglich im bereits bestehenden Konto hinterlegen.

IMPRESSUM

1. Auflage © 2024 by Südwest Verlag, einem Unternehmen der Penguin Random House Verlagsgruppe GmbH, Neumarkter Straße 28, 81673 München

Projektleitung und Redaktion:
Dr. Harald Kämmerer

Projektkoordination:
Sophie Kammann und Lucas Sehnert, Internashville

Schlussredaktion:
Susanne Schneider, Lara Franke

Umschlaggestaltung, Innenlayout, Satz:
Christian Martin Weiß

Herstellung:
Monika Weiher

Bildredaktion:
Sabine Kestler

Rezepttexte und Foodstyling:
Stefan Mungenast

Foodfotos:
Hubertus Schüler

Konzertfotos und Bandporträts:
Angus, Joshua: 6 o., 137: Bünning, Pascal: Cover, Umschlagrückseite, 8/9, 30, 32 o., 34 u., 36 (o.li.), 37 Mi., 37 (u.re.), 48, 50, 64, 90, 104, 118, 121, 136, 138, 139, 140, 154 (2), 172/173, 174/175; Debus, Volker: 10; Häring, Christopher: 5 o., 78; Heine, Olaf: 6 (2.v.o.); Heinrich, Moritz: 34 o., 35 (4), 36 (2.v.o.), 36 (2.v.li.), 36 (u.li.), 36/37 o. und u., 92, 106, 107; Pfeiffer, Thomas: 10/11, 11; Privat: 7 o., 31, 32 u., 49 u., 51, 65 (2), 91, 92 (2), 105 (2), 119, 120, 155, 156 (2), 157 (2); Scholl, Philip: 5 (2.v.o.); Weiss, Erik: 2/3, 7 Mi. und u., 12, 33, 49 o., 122

Grafiken/Illustrationen:
Adobe Stock: 13 (Alexandr Bakanov), 25 (Tamara), 28 (Tomtosova), 31 (ABU), 41 (maritime_m), 45, 104 (sukumarbd4, liubov), 48, 64, 79, 118, 136 (GeraKTV), 90 (GraphicMama), 104 (Evgeniya M), 123 (Franciscar, Belish), 127 (Polina Tomtosova), KR Studio), 141 (aksol, 111chemodan111), 154 (ONYXprj), 159) Валентина Семенович, Bitter), 170 (vectorgoods); Glyphe: 4/5 (Ananas, Chili/Lexa Rust), 13, 17, 30, 31, 141; Pixabay: 13, 15, 31, 68

Wir danken für die freundliche Unterstützung der Rezeptfotografie: Requisiten/Maren Somfleth, DIY Hamburg

Der Verlag hat sich bemüht, alle Rechteinhaber ausfindig zu machen, verlagsüblich zu nennen und zu honorieren. Sollte dies im Einzelfall aufgrund des Zeitablaufs und der schlechten Quellenlage bedauerlicherweise einmal nicht möglich gewesen sein, werden wir begründete Ansprüche selbstverständlich erfüllen.

Rcproduktion, Druck & Bindung:
Mohn Media Mohndruck GmbH, Gütersloh

Printed in Germany

Penguin Random House Verlagsgruppe
FSC® N001967

ISBN 978-3-517-10346-4